安倍晋三
vs
財務省

産経新聞特別記者・編集委員兼論説委員
田村秀男
元産経新聞政治部長、ジャーナリスト
石橋文登

育鵬社

まえがき

政治家・故安倍晋三の原動力は「怒り」にあった。一三歳の少女を拉致して返さない北朝鮮への怒り、専制国家として軍拡を続けながら、首相の靖國神社参拝など歴史カードで日本を揺さぶる中国への怒り、自虐史観に満ちた歴史教科書への怒り、日本を貶める報道を続ける朝日新聞への怒り……。総じて言えば、歪《ゆが》んだ正義感に満ちた戦後民主主義そのものへの「怒り」が、安倍晋三を突き動かした。

この「怒り」を糧《かて》に安倍晋三は政治活動を続け、同志を増やし、支持層を広げ、二度も首相に就任した。首相の通算在職期間は憲政史上最長となる三一八八日に及ぶ。

新型コロナウイルス禍の対策に追われるなか、持病の潰瘍《かいよう》性大腸炎を再発し、二〇二〇年九月一六日に首相を退陣したが、その後体調が回復し、政治活動を再開させた。そして二〇二二年七月八日、奈良市の近鉄大和西大寺《やまとさいだいじ》駅前で、参院選の応援演説中に凶弾に倒れた。さぞ無念だったに違いない。

私が安倍晋三と最後に会ったのは、参院選公示を六日後に控えた二〇二二年六月一六日だった。安倍政権で首相秘書官を務めた防衛事務次官、島田和久《しまだかずひさ》の退任を知り、安倍晋三は怒り心頭に発していた。

安倍晋三は怒ったからといって声を荒げることは滅多にない。ただ、猛烈な早口になる。安倍晋三は夕食を食べながらずっと怒っていた。たぶん食事の味は、ほとんど感じていなかったのではないか。

「岸田（文雄首相）さんは一体何を考えているんだ。年末に防衛三文書（国家安全保障戦略、防衛計画の大綱、中期防衛力整備計画）の改定を控えているのに『就任二年になったから交代させる』というのは言い訳にならない。宏池会《こうちかい》政権って本当にダメだな……」

・・・

思い返せば、安倍晋三は、岸田文雄が二〇二一年一〇月一日に自民党総裁に就任し、一〇月四日に首相に就任して以来、ずっと怒っていたように思える。前任の菅義偉が首相だったときは、新型コロナ禍対策に追われていることもあり「厳しい時期に政権を任せて申し訳ない」という思いもあり、政権を裏で支えることに徹してきたが、岸田文雄に対しては違った。

とはいえ、安倍晋三は、岸田文雄を「自らの後継首相に」と考えた時期もある。

安倍晋三は新型コロナ禍さえなければ、自らの自民党総裁任期である二〇二一年秋までに憲法改正をやり遂げる腹づもりだった。

朝日新聞や立憲民主党、共産党などはリベラル勢力を総動員し、二〇一五年の平和安全法制成立時よりも激しい反対キャンペーンを繰り広げるだろう。それでも安倍晋三は不退転の決意で臨むつもりだった。

ただ、国会発議後半年以内に行われる国民投票の行方には自信がなかった。リベラル勢力は憲法改正を「反安倍」闘争と位置づけ、国民投票を「改憲の是非」ではなく「安倍晋三の是非」に争点をずらすのは必然だったからだ。

そこで安倍晋三は、憲法改正発議と同時に電撃退陣し、岸田文雄にあとを託す考えだった。リベラルな首相が誕生すれば、多くの国民が我に返り、憲法第九条の一項二項は変えずに自衛隊を明記する改憲案ならば賛同してくれるはずだ。こう考えたのだ。

にもかかわらず、二〇二一年秋の自民党総裁選で安倍晋三は岸田文雄を推さず、現・経済安全保障担当相の高市早苗を支援した。元外相の河野太郎の総裁就任を阻止する狙いもあったが、それなら初めから岸田文雄を支援してもよいはずだ。理由を問うと安倍晋三はこう言った。

「だって岸田さんは宏池会だぞ。戦後民主主義そのものじゃないか。いまは私に従順に振る舞っていても政権を取ればどうなるかわからないよ」

その予感は当たった。

二〇二一年九月二九日、東京・港区のグランドプリンスホテル新高輪で行われた自民党総裁選挙。第二七代自民党総裁に選出された岸田文雄は高揚した面持ちで壇上に上がり、こう語った。

「多くの国民のみなさんが、『政治に国民の声が届かない』『政治が信じられない』、そうした切実な声を上げておられました。私は今や、我が国の民主主義の危機にある、こうした強い危機感を感じ、我が身を省みず、誰よりも早く、この総裁選挙に立候補を表明させていただきました。（以下略）」

安倍晋三や菅義偉が国民の声に一切耳を傾けず、民主主義の危機を招いたとでも言いたいのか。安倍晋三は怒りに震えた。

その後の岸田文雄の振る舞いにも、安倍晋三は憤りを募らせていった。自民党きっての親中派で、安倍晋三と地元・下関で親の代から骨肉の争いを続けてきた林芳正を外相に起用したことも怒りを増幅させた。

岸田文雄への怒りは財務省にも向けられた。

岸田文雄は二〇二一年一二月七日、自民党に総裁直轄機関として財政健全化推進本部を新設し、初会合で「言うまでもなく財政は国の信頼の礎だ。国の信頼を維持し、財政健全化について考えていく姿勢は責任政党である自民党にとって大切な使命だ」と述べ、プライマリー・バランスの黒字化目標を堅持する考えを示した。

アベノミクスの柱である「機動的な財政出動」を否定したと言ってよい。岸田文雄はその後も日銀政策委員会の審議委員の人事などで反アベノミクスに舵を切った。裏で財務官僚が暗躍しているのは間違いなかった。

「岸田さんはアベノミクスまで捨てるつもりのようだな。これで日銀総裁人事で誤った人選をすれば日本経済は再び沈む。そう動くならば間違いなく政局になる」

二〇二二年春、安倍晋三はこう言い切った。岸田文雄も財務官僚も、安倍政権下では安倍晋三に従順だっただけに、「もう安倍晋三の時代は終わった」とばかりに手の平を返すような態度は看過できなかったのだろう。

二〇二二年夏の参院選で、安倍晋三は無役にもかかわらず、一日も休まず全国を遊説行脚した。街頭で繰り返し訴えたのは、経済成長による景気回復と防衛力強化、そして憲法改正だった。

これは岸田文雄への事実上の宣戦布告だった。参院選後は岸田政権を徹底的に揺さぶり、自らが再び首相に返り咲く。そんな強い決意がにじみ出ていた。

もし、七月八日の悲劇がなければ、その後の政治史は大きく変わっていただろう。そして安倍晋三の怒りの矛先は財務省にも向いたに違いない。

ただ、安倍晋三の死により、財務官僚らが「救われた」と思っているならば大きな間違いだ。安倍晋三は一部保守層に神格化され、反安倍的な言動や政策は猛バッシングされるようになった。そこに妥協点は見いだせそうにない。財務省は今後も安倍晋三の「亡霊」と戦い続けることになるのではないか。（敬称略）

二〇二三年一〇月吉日

石橋文登

＊二〇〇一年一月六日、中央省庁再編によって、それまでの大蔵省から財務省に名称変更になりました。本書では煩雑さを避けるため、基本的に「財務省」の名称で統一していますが、場合によっては「大蔵省」としている箇所もあります。

◎目次

第一章

安倍さんを目覚めさせたのは、何か？

●なぜ財務省を敵視したのか

田村　二〇二三年二月に初版が発行された『安倍晋三回顧録』（安倍晋三著　中央公論新社刊　以下、『回顧録』）は歴史的な証言として極めて貴重ですね。安倍さんは第一次内閣の挫折後、勉強を重ねて、「日本銀行（日銀）の金融政策[*1]や財務省の増税路線[*2]が間違っていると確信している」と明言しています。そして〈そこでアベノミクスの骨格が固まってくる。〉と、アベノミクスが日銀批判と財務省批判からスタートしたのだと、『回顧録』でも述べています。

私は首相に返り咲く前の安倍さんとは、俳優の津川雅彦さんの紹介で昼食をともにしたり、拓殖大学でのシンポジウムの壇上で並んだりしたことがありますが、「あれっ、安倍さんはやたら金融政策に詳しいな」と訝《いぶか》しんだだけでした。

安倍さんが日銀や財務省をここまで突き放して、考えに考え、本気で政策を変えさせようとしていたとは思いも寄らず、迂闊《うかつ》でした。

というのも、政治家の多くは金融政策、財政政策に関しては日銀や財務省の官僚に任せ、官僚が敷いた路線に沿って動くことが一般的で、安倍さんとて例外ではないだろうと思い込んでいたからです。

石橋　『回顧録』が出て「財務省は一体何をやってるんだ?」という疑問が国民の間に広がった気がします。

『回顧録』は、ある意味、コアな保守層や保守政治家のバイブルのようになってきました。本の中で安倍さんが財務省を徹底批判したことは、財務省にとって手痛い打撃になっているようです。

田村　安倍さんが第一次内閣の首相を退陣したあとの民主党政権時代、私は『産経新聞』（以下、『産経』）などでずいぶん白川方明《しらかわまさあき》総裁の日銀と消費税増税を画策する財務省批判の記事を書きましたが、残念ながら全国紙記者では私だけで、日銀や財務省には無視されたのも同然でした。

鳩山由紀夫、菅直人、野田佳彦と肝心の民主党政権の首相たちは、日銀の白川さんには相手にされず、財務官僚には頭が上がらず、言いなりになるだけでした。

安倍さんが第二次政権で展開したアベノミクスは、黒田東彦《くろだはるひこ》前総裁の異次元金融緩和政策[*3]を柱に据え、白川路線に引導を渡しましたが、安倍さんとて財務省が民主党政権時代に仕込んだ消費税増税や緊縮財政路線[*4]は否定しきれませんでした。

だから、財務省に関してはどこまで戦う気があるのか、安倍さんの胸中は私には測りかねたのです。

それが『回顧録』を読めば、安倍さんが政治家としてあらん限りの戦略を駆使して、財務省の壁を突き崩そうと奮闘していたことがわかり、私自身の頭の中のモヤモヤが晴れた気がします。

石橋　『回顧録』が出て、ある財務官僚から「安倍さんは、どうしてあれほど財務省を敵視するんですかね」と尋ねられたことがあります。

　私は「安倍さんに先に喧嘩《けんか》を売ったのは財務省ですよ」と答えました。

田村　喧嘩を売れば、その相手に敵視されるのは当然です。それを、「なぜ敵視するのか」と不思議がるのもおかしな話です。

石橋　発端は、矢野論文でした。

『文藝春秋　二〇二一年一一月号』で、現職の財務事務次官[*5]だった矢野康治《やのこうじ》さんが「財務次官、モノ申す――『このままでは国家財政は破綻する』」という論文を発表しました。

積極財政[*6]を〈バラマキ〉と断じ、日本の財政状況を〈タイタニックが氷山に向かって突進しているようなものだ。〉と批判したのです。

　矢野さんは誰に対しても歯に衣着せぬ物言いをする硬骨漢です。民主党政権時は、現職官僚であるにもかかわらず徹底的に民主党を批判し、安倍さんや前首相の菅義偉さんの目にとまりました。

　第二次以降の安倍政権では、とくに官房長官だった菅さんに可愛がられ、一気に出世街道を駆け上がりました。一橋大学卒初の財務事務次官です。

　そんな矢野さんに積極財政批判＝アベノミクス批判をされたら、安倍さんは怒るに決まっています。

安倍さんはあの論文が出たときにこう言っていました。

「石橋、考えてみろよ。トヨタ自動車の財務担当者が記者会見で『我が社は債務超過です』と言ったら、どうなる？　トヨタ自動車の株は暴落するだろう。矢野は、それと同じことをやったんだよ。まっ、株価に影響がなかったことを考えると、市場が彼の主張をまったく評価していないことが証明されたわけだけどね」

そして最後にポツリとこう言いました。

「矢野論文は、私に対する財務省の宣戦布告かもしれないな」

田村　安倍さんは、宣戦布告と認識していたわけですね。

『回顧録』のインタビュー期間は二〇二〇年一〇月から二〇二一年一〇月までということです。矢野論文が出た『文藝春秋　二〇二一年一一月号』の発売は一〇月ですから、ちょうど『回顧録』のためのインタビューが終わるころと、ぎりぎり重なったと推測できます。

安倍さんは矢野論文を読んで、『回顧録』で財務省批判をさらに激しくした可能性はありますが、仮に矢野論文が出なくても、財務省批判の痛烈さはさほど変わらなかったでしょう。

安倍さんの決意は固かったのです。安倍さんは退陣後、財務省の増税、緊縮財政に反対する積極財政派の先頭に立ちました。

二〇二一年四月、安倍さんが会長を務める自民党「ポストコロナの経済政策を考える議員連盟」の勉強会講師に私が呼ばれたとき、安倍さんは居並ぶテレビカメラや新聞記者の前で、私を「田村記者には筆誅《ひっちゅう》を加えられました」と紹介したのです。

私が消費税増税でアベノミクスは台無しになると、増税に応じた安倍首相を批判したことをきちんと受け止めておられたのです。

内心忸怩《じくじ》たる思いが首相退任後の安倍さんを駆り立てたのでしょう。並の政治家にはとてもできないことです。


石橋　ところが、その安倍さんの決意に反して、財務省の意向に沿って傀儡《くぐつ》のように振る舞っているのが現首相の岸田文雄さんです。

菅さんのあとを継いで第一〇〇代内閣総理大臣に岸田文雄さんが指名され、岸田内閣が発足したのが二〇二一年一〇月四日でした。矢野論文が発表されたのと同じ時期だったことが偶然とは思えません。

安倍さんは当然、矢野論文を「もうアベノミクスの時代は終わった」と財務省が宣言したと受け取ります。

これが「宣戦布告」という言葉につながったと考えています。

田村　岸田政権発足と同時に、矢野論文という財務省の安倍さんに対する宣戦布告がなされたことになります。
岸田政権と財務省の関係は深そうです。

石橋　岸田さんの特徴は、自らが率いる宏池会《こうちかい》[*7]（岸田派）への異様な執着心です。

平成以降の首相は、在任中は派閥を離脱するのが恒例となってきましたが、岸田さんだけは宏池会会長の座に留まったままで、批判されるまで木曜昼の宏池会の例会にも出席していました。

そもそもこの感覚がおかしい。

岸田さんはすでに、一派閥にすぎない宏池会の会長ではなく、一〇〇万人超の党員を抱える自民党のトップであり、日本国の首相なのです。

この異様な身内意識が、自民党の他派閥の不信を買っていることになぜ気付かないのでしょうか。

宏池会は、池田勇人《いけだはやと》元首相が創設した派閥です。ワンマン首相として知られた吉田茂《よしだしげる》が、元首相の鳩山一郎や、保守合同の功労者である三木武吉《みきぶきち》らが率いた「党人派」*8に対抗して、有能な官僚を次々に政治家に転身させた「吉田学校」が源流になっています。

岸田さんは池田勇人と同じ広島県選出で、父親の代からの宏池会です。

宏池会第五代会長で元首相、宮澤喜一さんの遠戚ということもあり、宏池会への思い入れはひときわ強く、「宏池会再興」を自らの政治使命だと考えています。

その宏池会には、官僚出身の政治家が多く、官尊民卑・学歴偏重がはびこっていることが特徴です。宮澤喜一さんが東京大学出身の記者しかまともに対応しなかったのは有名な話です。

それだけに、「官庁のなかの官庁」「最強官庁」といわれる財務省を特別視する傾向が宏池会にあり、財務省との親和性が異様に高い。

これは財務（大蔵）官僚だった池田元蔵省が派閥を創設し、元大蔵官僚の大平正芳《おおひらまさよし》さん、宮澤喜一さんが会長を務めたことに起因しています。

宏池会の政治家と、財務官僚の姻戚関係も網の目のように広がっています。

田村　つまり、財務省にとって岸田政権は、コントロールして、財務省の主張をとおしやすいともいえます。

実際、財務省は岸田政権になったとたんに、矢野論文という宣戦布告を安倍さんに突きつけたわけです。

石橋　それだけで終わりませんでした。

二〇二一年一二月七日に、岸田さんは自民党に総裁直轄機関として「財政健全化推進本部」（本部長・額賀福志郎《ぬかがふくしろう》）を新設したのです。

もともと自民党政務調査会[9]には、「財政再建推進本部」がありました。これを当時政調会長だった高市早苗《たかいちさなえ》さんが二〇二一年一二月に「財政政策検討本部」に衣替えしました。看板から「再建」のふた文字が消えたのです。加えてＭＭＴ[10]（Modern Monetary Theory）信奉者である当時政調会長代理だった西田昌司《にしだしょうじ》さんが、本部長に就任したことに、財務省は強い危機感を持ったようです。

西田さんだったらプライマリー・バランス[11]（ＰＢ）黒字化目標さえ破棄しかねませんからね（笑）。

そこで財務省が、岸田さんや茂木敏充《もてぎとしみつ》幹事長に働きかけて創設したのが財政健全化推進本部です。

しかも安倍さんと親しい高市早苗さんの影響力を排除するために、政務調査会から外して総裁直轄機関にしてしまいました。

同じような機能を持つ組織を自民党にふたつもつくるのは〝屋上屋《おくじょうおく》を架す〟ような話です。財政健全化推進本部はＰＢ黒字化を前面に掲げました。安倍さんが宣戦布告だと受け取ったのも当然です。

田村　「財政健全化」という看板は一見するともっともらしいのですが、要はプライマリー・バランスの均衡化の目標を達成することです。

じつは安倍さん自体、アベノミクスに踏み切ってもプライマリー・バランス黒字化目標は受け入れていたのです。プライマリー・バランス黒字化とは国債発行抜きで社会保障、防衛などの政策的経費を税収の範囲内に収めることです。

一方で経済のパイ、つまり国内総生産（ＧＤＰ）が拡大すれば、税収が増え、雇用は改善し、国民所得も増えます。

そのことについて、安倍さんは経済指南役の[12]浜田宏一《はまだこういち》米イェール大学名誉教授、[13]本田悦《ほんだえつ》朗《ろう》元駐スイス大使らの助言をしっかり、受けとめていた。

これほど、脱[14]デフレ（デフレーション）に執念を燃やしていた政治家は、与野党を含め、安倍さんが唯一無二だったでしょう。

それでも、アベノミクスの出だしが好調で、信頼を置く黒田東彦日銀総裁から「二〇一四年四月から、三パーセント幅という消費税の大型増税の実行に踏み切っても大丈夫です。そうでないと国債暴落[*15]のリスクが生じるかもしれません」と言われて、野田佳彦民主党政権との三党合意通り、増税に踏み切ってしまったのです。

その結果が、アベノミクスで浮揚の著しかった景気の失速とデフレ圧力の再燃です。

安倍さんはその反省から、二度目の消費税増税の実施は二回延期しました。

需要を減らし、デフレを呼び込む増税による財政健全化は目指さず、異次元金融緩和と拡張型財政の組み合わせによって、脱デフレとプラスの経済成長を達成すれば、税収は増えます。これで財政健全化は達成できるとの確信があったのでしょう。

ところが、安倍さんが首相の座を下りると、財務省が巻き返しに転じ、「増税、即ち財政健全化」という単純図式を信じる自民党の政治家を焚《た》きつけました。

額賀福志郎さんら増税派の面々は、第二次安倍政権と後継の菅義偉政権のときは逼塞《ひっそく》していましたが、岸田政権になるとここぞとばかりに躍り出てきました。

石橋　先ほど触れた財政健全化推進本部は二〇二二年一月、元経産相の小渕優子さん（現・自民党選挙対策委員長）を委員長とする小委員会を発足させましたが、小委員会は完全非公開の会合で、安倍さんと比較的距離のある自民党の中堅・若手議員がメンバーでした。

恐らく彼らを財務省の意向通りに動く「財政再建チルドレン」に洗脳し、アベノミクス包囲網を構築しようとしたのでしょう。

〝政局上手〟[*16]の安倍さんは当然そんなことはお見通しでした。とはいえ、なかなか尻尾を摑《つか》めず、イライラしていたところ、小委員長代理だった後藤田正純《ごとうだまさずみ》さん（現・徳島県知事）がフェイスブック（ＦＢ）にこんな文章を書き込んだのです。

〈「積極財政」と「異次元緩和」をこれだけしてきて「ＰＢ黒字化」すら目標に立てられない「財政食い散らかし」の主張は政策とは言わない。（中略）われわれ政府与党は、手術を成功させて自立的な健康体にしようという医療チームなのである。〉（現在は削除）

田村　安倍さんを、なおさら怒らせた。

石橋　このときばかりは滅茶苦茶怒っていました。

田村　岸田政権自体、発足以来、需要不振でデフレ圧力が続いているにもかかわらず、「脱デフレ」の言葉をほとんど発しません。

岸田さんは「成長と分配の好循環」を唱えますが、デフレのもとでは循環が起きるはずはないです。

もともと財務官僚に弱い自民党の体質が露出したということです。

安倍派内部も決して一枚岩ではありません。

安倍さんが防衛相に抜擢したことがある稲田朋美《いなだともみ》さんを例に挙げると、かの矢野康治さんが財務省主税局長時代から付きっきりでレクチャーしていました。

そのためか、稲田さんは「増税＝財政健全化」の信念に凝り固まってしまった。

私は、知り合いの稲田さんの有力支持者に頼まれて、増税や緊縮財政ではデフレから脱出できないこと、経済の停滞でむしろ税収を減らすばかりか、財政収支を悪化させることを稲田さんにレクチャーしたのですが、聞き入れられませんでした。

しかもその場には矢野さんが必ず同席していました。矢野さんはその場ではほとんど反論しませんでしたが、稲田さんを洗脳しきっているので安心していたのでしょう。

安倍さんはこういう無定見《むていけん》な同僚にはどう対応したのですか。


石橋　安倍さんは、財政健全化推進本部の本部長の額賀さんと小委員長の小渕さんを自分の事務所に呼び出し、後藤田さんのＦＢのコピーをテーブルの上に置き、こう言いました。

「これはどういうことですか？　アベノミクスの一体どこが悪いのか、この場できちんと説明してください」

額賀さんは「それは後藤田さんの個人的な意見で……」と釈明しましたが、そんな言い訳が通じるはずはありません。

安倍さんは「小委員長代理がフェイスブックにこんな文章を上げれば、世間はこれが小委員会の方針だと受け止める。アベノミクスの一体どこがおかしかったのか、いまここで説明してくれますか」と畳みかけました。

額賀さんは財政破綻したギリシャの例などを挙げて、プライマリー・バランス黒字化の意義を説明しようとしたようですが、安倍さんは財政・金融分野について驚くほど勉強しています。額賀さんはことごとく論破されました。

小渕さんはひと言も発さず、うつむいていたそうです。

結局、小委員会は単独の秘密会合は一切開かず、健全化推進本部本体との合同会議をすることになりました。事実上の解体です。

安倍さんは裏で動いた財務官僚に対しても、すごく怒っていました。

この時期に『回顧録』の取材が続いていたのだから、財務省を痛烈に批判するのは当たり前です。

私も「官僚は、官邸の主《あるじ》が代わったら、ここまで態度を変えるのか」と驚きました。財務官僚は「安倍さんはまだ復権する可能性がある」と考えなかったのでしょうか。

田村　財務省がからんでいると考えられる安倍批判のひとつに、日銀人事もありました。

石橋　あれにも、安倍さんは激怒していました。

二〇二二年三月一日に、日本銀行政策委員会審議委員の同意人事案を、政府が国会に提示したときです。

リフレ派[*17]（積極財政派）の論客として知られる片岡剛士《かたおかごうし》さんが任期満了で退任するのに代わって、岡三証券グローバル・リサーチ・センター理事長の高田創《たかたはじめ》さんを押し込む人事案でした。

高田さんは旧日本興業銀行の債券ストラテジスト出身で、『国債暴落――日本は生き残れるのか』（中央公論新社）などを著し、「異次元の金融緩和」を掲げる黒田東彦日銀総裁の金融政策を批判してきたエコノミストです。

財政制度等審議会[*18]（財政審）委員などを長く務めており、その言動は財務省の財政再建路線そのもの。絵に描いたような財務省の御用エコノミストです。

この人事案は、「クロダノミクス」の否定を意味します。これはアベノミクスの否定であり、安倍さんを否定することでもあったわけです。

田村　あからさまな、財務省による安倍否定でしかありません。

石橋　この人事案が国会提出された直後に、事務所を訪れた私に向かって安倍さんは吐き捨てるように言いました。

「岸田さんを信用した私がバカだったよ。岸田さんだって、私の内閣で汗をかいてきたんだからもう少しわかっていると思っていたんだけどね。やっぱり、宏池会はダメだな……」

そして最後にこう付け加えたのです。

「これで黒田東彦さんの後継総裁にクロダノミクスを捨てる人物を選ぶようなら、政局になるな」

田村　宏池会は財務省にコントロールされている、という意味に受け取れます。

＊1　日本銀行（日銀）の金融政策

物価を安定させるために日銀が行う政策のこと。日銀が市中銀行との間で国債を売り買いすることで金利の水準を調整する公開市場操作（オペレーション）などによって、市中銀行の資金量を調整し、物価を安定させる。物価が下がってきたときは市中銀行から国債を買い上げ、市中銀行の資金量を増やして企業などへ低金利で融資できるようにし、経済活動を活発化させれば物価を押し上げる効果が得られる。逆に物価が上がりすぎているときは、市中銀行に国債を売り、資金を吸い上げることによって経済活動を抑制する。

＊2　財務省の増税路線

国の歳入を増やすには税金を増やすしかない。その歳入を増やすために一九八九年四月一日に初めて導入された消費税の税率は三パーセントだったが、一九九七年に五パーセント、二〇一四年に八パーセントへ引き上げられ、二〇一九年には一〇パーセントになった。

＊3　金融緩和

中央銀行（日本では日銀）が、一般の銀行に貸し付ける金利（政策金利）を引き下げたりして、資金の供給量を増やすこと。

＊4　緊縮財政

財政赤字の削減や財政黒字化のために、政府支出を抑えたり、増税などで収入を増やしたりする策。

＊5　事務次官

各府省および復興庁における官僚のトップの役職。長である大臣を助け、省務を整理し、事務を監督する。

＊6　積極財政

国の歳出を増加させて公共事業や給付金の支給などを増やし、減税などを実施することで、経済活動の拡大や生産性向上を支える財政政策。

＊7　宏池会

自民党の派閥のひとつ。一九五七年に池田勇人を中心に結成され、吉田茂の系譜を継ぐ保守本流グループとして、官僚出身者を多く集めている。

＊8　党人派

高級官僚、軍人、皇族などの出身ではなく、地方議会出身の叩き上げや、長く党組織に所属する議員の分類名称。

＊9　自民党政務調査会

政策案件の調査・研究と立案作業を行う自民党の内部機関。政務調査会で取りまとめられた方針は内閣に伝えられ、予算案に反映される。自民党が与党であれば、政府の政策立案にも強い影響力を持つ。そのトップである政調会長（政務調査会会長）は、幹事長や総務会長とともに「党三役」の一角を占める重要な役職である。

＊10　MMT（Modern Monetary Theory）

現代貨幣理論。通貨発行権を持つ国家は債務返済に充てる貨幣をいくらでも発行可能なため、財源確保のための徴税は必要ないし、財政赤字で国が破綻することもなく、インフレにならない限り国債はいくらでも発行できる、とする理論。

＊11　プライマリー・バランス
社会保障や公共事業をはじめ様々な行政サービスを提供するための経費（政策的経費）が、税収等で賄えているかどうかを示す指標がプライマリー・バランス（ＰＢ）。プライマリー・バランスがプラスなら、国債の発行に頼らず税収で政策的経費が賄えている状態。マイナスなら逆。

＊12　浜田宏一
東京大学名誉教授、イェール大学名誉教授。バブル崩壊後の日本経済低迷は金融政策の失敗が大きな要因と見なし、日銀の金融政策を批判。アベノミクスを支持する、リフレ派の中心人物。

＊13　本田悦朗
元財務（大蔵）官僚の経済学者。東京大学法学部卒業。財務省の財務総合政策研究所では研究部の部長などを歴任し、外務省への出向も多く海外経験も豊富。

＊14　デフレ（デフレーション）
物価が継続して下落する状態。デフレになるとモノが売れず不景気になり、企業の業績は悪化し、従業員の給与は減り、失業者も増える。

＊15　国債暴落

長期国債の利回り、つまり「長期金利」が急上昇する状態。長期金利が上がり、その負担額が大きくなりすぎると、国が財政破綻に陥ってしまう危険性までもあり得る。

＊16　政局
政治の局面。そのときの政界のありさま。政界のなりゆき。政権にかかわる動向。または、首相の進退、衆議院の解散など、重大局面につながる政権闘争のこと。

＊17　リフレ派
脱デフレのために、積極的な金融緩和や財政出動の推進を推奨する立場に立つ人たちを指している。リフレとはリフレーション（通貨再膨張）の略で、デフレを脱却し、インフレにはならない程度の状態を指す。

＊18　財政制度等審議会
略称、財政審。財務省の審議会のひとつで、財務大臣の諮問《しもん》機関。予算や決算など国の財政について審議を行う。

●財務省の安倍接近は、いつから始まったのか

石橋　私は政局に特化した記者だったので、安倍さんと政策の話はほとんどしませんでした。郵政民営化[＊19]など、政策が政局にからむときは別ですが……。

恥ずかしい話ですが、安倍さんがいつから経済・金融政策に興味を持ち、官僚や学者相手に

討論できるほど詳しくなったのか、知らないのです。

第一次安倍内閣が誕生したのは二〇〇六年九月二六日ですが、直前の二〇〇六年七月に出版した自著『美しい国へ』（文春新書）でも、日米同盟や教育については熱く語っていますけど、経済の話はほとんど出てきません。むしろ、バブル経済の狂乱を冷ややかに見ており、財政再建にも肯定的でした。

第一次政権の二〇〇七年一月に召集された通常国会に補正予算を提出しましたが、三兆七〇〇〇億円程度の地味な補正予算でした。

安倍さんは「大盤振る舞いしようかとも思ったけど、財政再建を考えてぐっと我慢だ」とむしろ誇らしげに言っていました。プライマリー・バランス黒字化も当然だと受け止めていましたし、財務省への敵対心もありませんでした。

安倍さんの興味の対象は、外交・安全保障や教育でした。

第一次政権は、持病の潰瘍《かいよう》性大腸炎が悪化してわずか一年で幕を閉じましたが、防衛庁の省昇格や教育基本法改正、憲法改正のための国民投票法制定など大きな成果を残しています。

若いときに政務調査会の社会部会長をやっているだけに、医療・社会保障制度には詳しかった。加えて、医療保険や年金など戦後の社会保障制度は、彼の祖父である岸信介《きしのぶすけ》が創設したものです。それもあって、安倍さんは社会保障制度については非常に詳しかった。

一方、金融・財政にはあまり関心がなかった印象があります。

田村　いつぐらいから、安倍さんは経済通になったのか。そこには大きな意味がありそうです。

石橋　安倍さんは二〇〇〇年七月の第二次森喜朗内閣で官房副長官に抜擢され、二〇〇一年に発足した小泉純一郎内閣でも引き続き、官房副長官を務めました。

小泉さんの「本丸」は郵政民営化でした。この法案のとりまとめをやったのは、経済財政担当相の竹中平蔵さんの補佐官だった財務官僚の髙橋洋一[20]さんです。

東京大学理学部数学科卒の髙橋さんはとにかく頭がいい。財務省内でひそかに日本政府のバランスシート[21]を作成したのも彼です。

自らバランスシートを作ったからか、日本は「政府資産大国」であることと、財務省が主張する財政再建路線の嘘に気付いていました。

竹中平蔵さんを通じて髙橋さんと知り合ったのが、小泉政権で国対委員長や政調会長を務めた中川秀直さんでした。

元日本経済新聞記者だった中川さんは、経済成長による税収増と財政健全化を掲げる「上げ潮派[22]」を名乗り、財務省の隠し資産を「埋蔵金[23]」と呼び、市場に吐き出させようとしました。もちろん裏で絵を描いたのは髙橋さんです。

この流れがリフレ派につながりますが、当時の安倍さんはほとんど関心を持っていませんでした。

当時は北朝鮮による拉致問題が動いていましたし、女系天皇[24]を容認する皇室典範改正[25]や人権擁護法制定を阻止すべく躍起になっており、経済どころではなかったのです。

田村　髙橋さんは、あまりに頭がよすぎて扱いにくいというので、財務省から追い出されてしまう。

といっても、小泉さんの郵政民営化に財務省は協力するわけです。

石橋　小泉さんの郵政民営化を支えたのは財務省です。のちに財務事務次官となる丹呉《たんご》泰健《やすたけ》さんが首相秘書官として大きな役割を果たしました。

小泉さんは二〇〇五年、郵政民営化法案が参院で否決されたことを受け、八月に衆議院を解散し、九月に総選挙が行われました。いわゆる「郵政解散総選挙」です。

小泉さんは郵政民営化法案に反対票を投じた衆院議員の選挙区に「刺客」を送り込み、自民党を圧勝させました。

これで、小泉さんは独裁者に近いくらいの絶対権力者となります。当時の自公両党に、逆らう人は誰もいませんでした。

そこで財務省は郵政民営化を成功に導いたご褒美として、消費税増税を願い出ますが、小泉さんは「まだ消費税を上げる時期ではない」と一蹴します。

財務省が理由を質したら「俺の勘だ」と答えたそうです。

田村　財務省としては、郵政民営化に協力したのに、裏切られた思いでいっぱいだったに違い

あのときの財務官僚の呆然とした顔は忘れられません（笑）。

ありません。

小泉さんも金融・財政の知識に乏しくて理論的な裏打ちはないから、「勘」と言う以外になかったと思います。

でも、政治家の感覚は大事です。

いわゆる構造改革をやろうとしているときに、増税して経済のパイを小さくすれば、改革は社会の大混乱を招きます。

それは過去のデータを使う経済分析では説明できないでしょう。ただ、有権者と日ごろ接している政治家なら「やばいぞ」という特有の勘が働きやすい。

そんな勘を持てず、ひたすら財務官僚に頼る政治家が国を誤るのです。

石橋　小泉さんは頼りにできないということで、財務省の関心は、「ポスト小泉」に移ります。いわゆる「麻垣康三《あさがきこうぞう》」です。

当時は麻生太郎さんの芽はほとんどなかったので、実質的には谷垣禎一《たにがきさだかず》さん、福田康夫さん、安倍晋三さんの争いでした。

旧大蔵官僚きっての秀才だった元首相の福田赳夫《ふくだたけお》さんの長男である福田康夫さんは「官僚の言うことは何でも正しい」と考えるタイプなので、財務省としては問題なし。

小泉政権で財務相を長く務めた谷垣さんも問題なし。

問題は、安倍さんひとりでした。まだ若手議員だったこともあり、財務省はまともな工作をしていなかったのです。

田村　消費税増税という自分たちの野望を達成するために、安倍さんを取り込もうと考えたわけです。

前に述べたように、「稲田朋美さんは矢野康治さん」というふうに、〝有力〟と目された政治家には、財務省から早いうちに洗脳係が付きます。

そのミッションに成功しないと、洗脳係の出世は不可能です。

石橋　安倍さんは二〇〇三年九月の内閣改造・党役員人事に於いて、三回生議員で閣僚未経験なのに自民党幹事長に抜擢されました。

小泉首相は拉致問題で脚光を浴びていた安倍さんを選挙の顔に使おうと考えたのです。

この作戦は当たり、二〇〇三年一一月の衆院選で自民党は勝利します。

ところが、翌二〇〇四年七月の参院選は、自公で過半数は維持したものの四九議席と自民党は辛勝でした。

目標に「五〇議席」を掲げていた安倍さんは幹事長を引責辞任し、幹事長代理に降格となります。

このころから財務省の積極的なアプローチが始まりました。

幹事長代理は幹事長に比べると比較的暇なので、チャンスだと思ったのではないでしょうか。

私も、自民党職員の紹介で、当時主計局次長でのちに事務次官となる勝栄二郎《かつえいじろう》[*26]さんと知り合い、そこから財務官僚に人脈が広がりました。

田村　外堀から埋めて、安倍さんに接近する狙いだったのでしょうね。

そこから始めなければならないほど、財務省は安倍さんとのパイプを持っていなかったということになります。

石橋　財務官僚と会っても、私は財政や金融の話など一切しません。

自民党内の勢力関係や選挙情勢などの話ばかりですが、財務官僚には新鮮だったようで頻繁《ひんぱん》に会うようになりました。

メンバーは少しずつ代わるのですが、岡本薫明《おかもとしげあき》さんら、事務次官候補ばかりでした。

いま考えると、私を通じて、安倍さんの思考や人脈などを分析していたのかもしれません。やはり彼らはしたたかですよ。

＊19　郵政民営化
一九九〇年代から二〇〇〇年代にかけて小泉純一郎内閣によって行われた郵政三事業（郵便・簡易保険・郵便貯金）の民営化。

＊20　髙橋洋一
元財務官僚。東京大学理学部数学科卒業、学位は博士（政策研究）。安倍晋三内閣では経済政策のブレーン、菅義偉内閣でも内閣官房参与（経済・財政政策担当）を務めた。大阪維新

の会のブレーンでもあった。

＊21　バランスシート

貸借対照表のこと。企業のある一定時点における資産・負債・純資産の状態を表したもの。安定度を測る参考になる。

＊22　上げ潮派

国家による市場への介入を少なくすることで経済は成長し、それによって税収が自然増となり、消費税率の引き上げをしなくても財政再建は達成されるとする人たち。

＊23　埋蔵金

霞ヶ関埋蔵金。特別会計の見直しで捻出されるという財政資金。二〇〇七年に当時の民主党が主張し、中川秀直元自民党幹事長が使ったことで広まった。二〇〇八年に、元財務官僚の髙橋洋一氏の指摘で存在が明らかとなった。

＊24　女系天皇

近年、皇位継承の問題に関して、皇位継承資格のある男子が少なくなってきたことから、それまで歴史的に存在していなかった「女系天皇」の是非が議論されるようになった。「男系」とは、父方の血統で神武天皇に真っ直ぐつながることを示す。もし「女系」で継承するのであれば、神武天皇とはつながらなくなってしまう。皇室の女子が皇統とは無縁の男性と結婚され、その子が天皇になったこと——女系による皇位継承、即ち女系天皇の誕生——は、日本の歴史で一度たりとも起こっていない。

＊25　皇室典範
日本国憲法第二条および第五条に基づいて、天皇・皇位継承、摂政の設置、皇族の身分、天皇や皇族の陵や墓、皇室会議、皇室に関する事項を定めた法律。
＊26　主計局
財務省の部局のひとつで、国の予算の編成、決算の作成、会計制度の企画立案を担当している。予算編成を担当していることから、中央省庁に対し圧倒的な力を持っている。

●安倍さんはいつから金融・財政通になったのか

田村　財務省が安倍さんへのアプローチを始めたのは、首相になる直前の自民党幹事長代理時代だということになります。

しかし、石橋さんから指摘があったように、首相になる前の安倍さんは金融・財政に大した興味を持っていなかった。

そのままだったら、安倍さんが財務省を敵視することもなかったかもしれません。

石橋　民主党政権が反面教師になったのだと思います。

ご存じの通り、民主党の議員は相手を批判するのは得意だけど、まったくと言っていいほど勉強していない。

防衛・安全保障は言うまでもなく、政権がどうやって各省庁を束ねて統治するのか、その術《すべ》を知りません。だから政権に就いたら何をしてよいのかわからない。

二〇〇九年秋の衆院選では「子ども手当」や「高速道路無料化」など、様々なバラマキ政策を掲げましたが、財源を手当できませんでした。

だから財務省の言いなりとなりました。

鳩山由紀夫首相がバラマキ財源を捻出すべく実施した「事業仕分け」などはすべて財務省の演出でした。

田村　一方、安倍さんは二〇〇五年一〇月から官房長官に就任していました。

当時の日銀総裁は福井俊彦さんで、二〇〇六年三月には五年以上続けていた穏当な金融の量的緩和政策を打ち切りました。加えて同年七月一四日には実質的に八年間に及んだゼロ金利政策も止め、利上げしました。

このとき福井総裁は、「これまでの政策金利水準をそのまま維持し続けると、結果として将来、経済・物価が大きく変動する可能性、リスクにつながる」、即ちインフレになると主張しました。

これに対し、政府側はゼロ金利解除を急ぐべきではないとの意見でしたが、福井日銀が日銀の独立性をタテに押し切りました。

結果は物価下落、即ちデフレの再発です。

官房長官だった安倍さんは、恐らくこのときから日銀政策の判断に不信感を持ちはじめたのでしょう。

ゼロ金利解除の直後、官房長官が仕切る内閣府が発表した『経済財政白書』では初めて、インフレ目標の設定を提言し、物価が目標値まで上昇するまでは日銀に対し低金利を続けるよう求めています。

ただ、そのあと間もなく、安倍さんが首相に選ばれましたが、第一次安倍内閣が、金融・財政問題を最重点に取り組んだという印象は、私も持っていません。

「戦後レジームからの脱却」「美しい日本」という大きな構想をどう実現するか、模索するなか、持病が悪化し、首相の座を降りざるを得なくなったこともあります。

安倍さんが金融・財政問題で日銀、財務省を重大視するまで熱心になるのは、第一次安倍内閣が終わってからですね。

石橋　田村さんのおっしゃる日銀政策に対する不信感もありますが、民主党政権の愚劣さにも学んだのだと思います。

民主党は政権交代を声高に叫んできましたが、政権奪取後の「絵」は一切描いていませんでした。

国民の期待を集めて、二〇〇九年九月に民主党政権は誕生しました。ただ首相の鳩山由紀夫さんは、民主党幹事長の小沢一郎さんの傀儡にすぎませんでした。

あの政権の最高権力者は小沢さんであり、彼を政策面で支えたのは「一〇年にひとりの大物大蔵事務次官」と評された齋藤次郎さんでした。

竹下登内閣時代、齋藤さんは官房副長官だった小沢一郎さんに急接近し、以後参謀のひとりとなります。

二〇〇七年一一月に首相の福田康夫さんと、民主党代表だった小沢さんの間で大連立構想[*27]が動きました。

これを仕掛けたのは小沢さんで、仲介に動いたのは、読売新聞（以下、読売）グループ本社会長だった渡辺恒雄《わたなべつねお》さんと齋藤さんでした。

田村　小沢さんは二〇〇九年五月に準大手ゼネコンの西松建設による違法政治献金疑惑関連[*28]で公設秘書が逮捕されたことで民主党代表を辞任しますが、政権をとった民主党で幹事長に就任しています。民主党を実質的に動かす存在でした。

つまり民主党政権は、代表の座を失った小沢さんと次官を退任して力を失ったように見えた齋藤さんの、「陰の実力者」としての復帰だったわけです。

小沢―齋藤ラインで、財務省が民主党政権に対し絶大な影響力を持つようになったとも言えます。

石橋　大連立構想で小沢さんは、元首相の森喜朗さんにこう言っています。

「民主党議員は政権交代だの何だの騒いでいるが、何もわかっていない。きちんと統治するには自民党と大連立を組むしかない。大連立を組めば、消費税増税や憲法改正も実現できる。こういう大きな案件は一緒にやるしかない」

つまり小沢さんの大連立の目的のひとつは消費税増税だったのです。

齋藤次郎さんの影が見え隠れするじゃないですか。

一九九四年二月に、非自民・非共産八党派の連立政権の首相だった細川護熙《ほそかわもりひろ》さんが、未明の記者会見で唐突にぶち上げた「国民福祉税」構想も、小沢さんと齋藤さんの演出だったとされています。

二〇一〇年六月に菅直人内閣に代わると、小沢さんは民主党内で実権を失います。

そこで再び動き出したのが大連立構想でした。小沢さんは大連立構想により、民主党政権をひっくり返そうとしたのでしょう。

この構想を持ちかけられた野党自民党総裁の谷垣禎一さんはグラグラ揺れました。

安倍さんは当時無役でしたが、大連立構想に猛反対しました。

当時、安倍さんは「官公労[*29]をバックにした旧社会党の連中とは国家観が違いすぎる。絶対に組めない」と言っていました。

あのころ、安倍さんは民主党を陰で操っている齋藤次郎さんの存在に気付いたのでしょう。

齋藤さんが大蔵事務次官を退任したのは一九九五年です。一〇年以上前に退官した齋藤さんがなお影響力を行使する財務省にも、安倍さんは強い不信感を抱くようになったのでしょう。

それで、「バブル崩壊後、『失われた三〇年』がなぜ続いたのか」「大蔵・財務省が主導する金融・財政政策が間違っていたのではないか」と考えるようになった。これが金融・財政の勉強を始めたきっかけになったと、私は見ています。

田村　齋藤さんと言えば一般会計と特別会計、合わせてＧＤＰの五割相当の予算を動かす、財務（大蔵）省のドンでした。また、マスコミ界でも齋藤さんと親しい記者が幅を利かせていました。

私がかつて在籍した日本経済新聞（以下、日経）でも齋藤さんに最も食い込んでいた喜多恒雄《きたつねお》さんが経営幹部から評価され、社長にまで上り詰めました。

財務省に絶大な影響力を発揮する齋藤さんとのパイプは、マスコミ経営者ばかりでなく、財務省にはまったく縁のなかった鳩山由紀夫さん、菅直人さん、野田佳彦さんなどの要人には欠かせなかったはずです。

小沢さんは齋藤さんとの緊密な関係をテコに民主党を裏で操縦したのです。

石橋　齋藤さんは、民主党政権時の二〇〇九年一〇月に日本郵政社長に就任します。

小泉さんに消費税増税を実行させるために郵政民営化に協力し、財務省は郵政省を手放す形となりましたが、齋藤さんを社長に据えることで、再び日本郵政をコントロール下に置いたという見方もできます。

これでは何のために民営化したのかわかりません。

これにも小沢さんの強い意向が働いたといわれています。

田村　小沢さんと齋藤さん、そして財務省のラインに対抗するために、安倍さんは金融・財政の勉強を始めました。それについては、私には印象深い思い出があります。

二〇一一年一一月のことで、安倍さんが自民党総裁に返り咲くのは二〇一二年九月ですから、その一年くらい前ということになります。拓殖大学で開かれたシンポジウムに、私は講師のひとりとして招かれました。そのとき、同じ壇上に並んだのが安倍さんです。

そこで安倍さんは、日銀の金融政策についてエコノミスト顔負けの批判を披露しました。デフレを脱却して日本経済が復活するためには、大胆な金融緩和こそが必要だ、と力強く説いていました。

一方、金融緩和についてはこんなことがありました。

私は民主党政権発足間もない二〇一〇年一月早々、ケインズ派学者の宍戸《しし ど》駿太郎《しゅん た ろう》筑波大学名誉教授らとともに首相官邸に呼ばれました。鳩山由紀夫首相に対し、宍戸さんが大型財政出動を、私が大規模金融緩和政策を提言したのです。

しかし、民主党政権がそれらを実行することはないどころか、財政は緊縮と増税、金融政策は日銀の引き締め容認というありさまでした。

その私たちが提言したのと同じ政策を、安倍さんが力説したわけです。

ただの思いつきではない、しっかりした知見に裏付けられた内容でした。かなり勉強しているな、と驚いたものです。

石橋　そういう知見を、安倍さんは一体どこから得たのでしょうか。私は財務省出身の本田悦朗さんあたりが絡んでいたと見ていますが……。

田村　私も誰が先導したか気になりましてね。財務（大蔵）省出身の自民党議員だった山本幸三さんに訊いたことがあるのですが、「オレが教えた」と言っていました。

山本さんは大蔵省時代から財政・金融理論に詳しかった。

石橋　政治家は往々にしてそういう言い方をしますよ（笑）。

野党時代の安倍さんは、本田さんだけでなく、浜田宏一さんや岩田規久男《いわたきくお》[30]さんらリフレ派の経済学者との交流を深めていきます。

ふたりを安倍さんに紹介したのは、本田さんではないでしょうか。

田村　私もそう思って、本田さんに訊いたことがあります。

安倍さんが金融・財政について関心を持つきっかけになったのは、二〇一一年三月一一日の東日本大震災だったそうです。

東日本大震災復興の財源にするために、民主党政権が復興特別税[31]を持ち出してきます。財務省の入れ知恵で、所得税・住民税・法人税に上乗せする形で徴収するというものです。

この復興特別税が浮上してきたとき、二〇一一年六月に「増税によらない復興財源を求める会」という議員連盟を山本幸三さんが起ち上げます。そして、その会長に安倍さんを据えました。

所得税・住民税・法人税の上乗せとなると、東日本大震災で被災した人たちにまで増税することになります。被災地の人たちにとっては踏んだり蹴ったりです。

だから、増税ではなく国債で乗り切ろうというのが議員連盟の主張でしたが、結局、復興特別税は成立してしまいます。

ともかく、その議員連盟の会長に就任したことによって、金融・財政について安倍さんは金融・財政への関心を深めていった、と本田さんは言っていました。

石橋　安倍さんと岩田さんの出会いも、あの議員連盟がきっかけになったのでしょうか。

田村　最初の会合で安倍さんがスピーチをしていますが、それを依頼しに行ったのが岩田さんで、それが、ふたりが顔を合わせた最初だろう、ということでした。

本格的に勉強しようと思ったときに、岩田さんに声をかけたのではないでしょうか。そして、浜田さんにも声をかけていった。

石橋　本田さんは、どのように安倍さんとの関係を深めていったのでしょうか。

本田さんは第二次安倍内閣の内閣参与としてアベノミクスを理論的にサポートする重要な役割を果たし、退陣後もブレーンとして動いています。

田村　それも聞いています。

本田さんは、二〇一二年三月に財務省を退官するとき、安倍さんに挨拶に行ったそうです。

そのとき、「こういう講演活動もやっています」と、パワーポイントでつくった資料を見せながら、デフレ脱却作戦をレクチャーした。

それに安倍さんが興味を持って、第二次安倍内閣が成立すると、参与として呼ばれたそうです。

拓殖大学のシンポジウムが二〇一一年一一月で、そのときには金融・財政について深く学んでいたはずなので、本田さんのレクチャーもすぐに理解したのではないでしょうか。

石橋　安倍さんが再び総裁選に出る決心をしたきっかけも、東日本大震災だったと聞いています。

統治能力のない民主党政権時に東日本大震災が起き、日本国が存亡の危機に陥っている。にもかかわらず財政健全化を優先させる財務省に対する不信感は、相当なものでした。

しかも、この期に及んで復興に必要な国債発行を嫌がり、復興特別税で賄うことにした。それが、許せなかったのでしょう。

田村　当時は私も『産経』で、「復興特別税は間違っている」という趣旨の記事を何度も書きました。

それを読んだ浜田宏一さんから、「大賛成です」と連絡がありました。以来、浜田さんとはことあるごとに意見交換しています。

浜田さんも『日経』の「経済教室」に、「傷ついた子供に重い荷物を持たせるとは何事だ」

という論文を送った。そうしたら、日経の経済部にボツにされてしまいました。

経済解説部は経済部直轄ですから、経済部長の判断に左右されます。経済部長はさらに編集局長、社長といずれも財務省に忖度《そんたく》する幹部、首脳の意向を気にする。

『日経』の「経済教室」の二〇一一年五月二三日付は伊藤隆敏[*32]、伊藤元重[*33]両東大教授による復興増税提言でした。

財務省寄りで知られる両教授はこの論文を全国の主要大学の経済学教授に示して、復興増税賛同の署名を集めたのです。

賛同学者は一一三人にも及びますが、なかには日本の財政金融とはまったく分野が異なる学者も含まれています。謂《い》わば財務省後援の〝増税奉加帳《ほうがちょう》〟ですね。

署名しなかった学者は何人か知っていますが、そのうち三人は第二次安倍政権によって、日銀副総裁や政策審議委員に選ばれています。

日経は財務省の増税キャンペーンに紙面を提供したのも同然ですから、浜田さんの増税批判を載せるはずはありません。

石橋　経済部の記者は財務省ベッタリだから、財務省の不興を買うようなことは書きたがりません。そこに新聞の経済記事が面白くない理由があります。

財務省主導の経済・金融政策への不信感は世間にも相当広がっています。財務省ベッタリの記事などは誰も読みたがりません。

＊27　大連立構想
二〇〇七年に行われた第二一回参議院議員選挙によって、衆議院で過半数を占めていた自公連立政権は、参議院で過半数を失う。政権運営に苦慮することになった当時の福田康夫首相は民主党の小沢一郎代表の政策面におけるいくつかの要求を呑み、連立を組むことに合意。しかし、民主党内の猛烈な反発によって構想は挫折した。

＊28　西松建設による違法政治献金疑惑
準大手ゼネコンの西松建設をめぐる汚職疑惑事件。二〇〇八年から東京地検特捜部が西松建設本社を家宅捜索し、二〇〇九年には捜査が政界にも波及した。西松建設幹部と国会議員秘書など計五人が立件されている。

＊29　官公労
正式名称は「日本官公庁労働組合協議会」。国家公務員、地方公務員などによって組織されていた官公庁労働組合の連絡協議体。一九四九年一二月に結成されたが、一九五八年八月に解散。以後は、官公庁の労働組合の総称として使われている。

＊30　岩田規久男
元日銀副総裁で、上智大学・学習院大学名誉教授。リフレ派経済学の第一人者で、日銀に批判的な論客として知られる。

＊31　復興特別税
東日本大震災からの復興のための財源を確保するために課されることになった、所得税・住

民税・法人税に上乗せして徴収される税金。

＊32　伊藤隆敏

経済学者。専門は国際金融論・マクロ経済学。一橋大学大学院経済学研究科修士課程修了、ハーバード大学大学院経済学博士課程修了。クリントン政権で米国財務長官を務めたローレンス・サマーズとは同級生。二〇〇八年三月に当時の福田康夫首相は伊藤を日銀副総裁に起用する人事案を国会に提出するが、衆議院は同意したものの参議院で不同意となる。

＊33　伊藤元重

経済学者。東京大学名誉教授。専門は国際経済学、ミクロ経済学。東京大学大学院経済学研究科修士課程修了。ロチェスター大学大学院経済学研究科博士課程修了。政府税制調査会委員や経済財政諮問会議民間議員、復興推進委員会委員長などを務める。

●なぜ財務省は安倍さんを取り込めなかったのか

石橋　政治家や官僚が連日のように「安倍詣で」をするのは、第一次政権までです。潰瘍性大腸炎により「政権を放りだした」と批判されたあとは、潮が引くように誰も来なくなりました。

芥川龍之介の「杜子春《とししゅん》」のような気持ちだったと思います。

そういうなかで、安倍さんは猜疑心《さいぎしん》を強め、調子のいいときににこやかにすり寄ってくる人を信用しなくなりました。

逆にどん底の「雌伏の時代」にも足を運んだ人への信用を深めていきます。

第一次安倍内閣で首相秘書官を務めた経済産業省出身の今井尚哉《いまいたかや》[34]さんや警察庁出身の北村《きたむら》[35]滋《しげる》さん、経産省出身の長谷川榮一《はせがわえいいち》[36]さんらが、第二次以降の安倍政権で要職に就いたのもそのためです。

メディア関係者でも、ＮＨＫ（当時）の岩田明子さんやＴＢＳの記者だった山口敬之さん、私の同僚だった阿比留瑠比《あびるるい》さんら、親しい記者はどん底時代に付き合いを続けた人ばかりです。

田村　財務省としては安倍さんに見切りをつけたわけですが、その先には何が起きるかわかりません。

リスク管理には抜け目のない財務官僚のことです。どん底の時代にも安倍さんを支え続けた財務官僚はいなかったのですか。

石橋　もちろんいます。第一次安倍内閣で首相秘書官を務めた田中一穂《たなかかずほ》[37]さんや官房長官秘書官や首相秘書官を務めた中江元哉《なかえもとや》さんもそうです。

田中さんは事務次官レースからは外されていたのですが、安倍さんは二〇一五年に田中さんを事務次官に就任させています。

このようにどん底時代に安倍さんを支えた面々が第二次以降の安倍政権でコアメンバーとなりました。

政治家では、前首相の菅義偉さんや現政調会長の萩生田光一《はぎうだこういち》さん、参院幹事長の世耕弘成《せこうひろしげ》さんらがそうです。

彼らは安倍さんのために労苦を惜しまないし、決して裏切らない。対して、コアメンバーに入れない官僚や政治家は面白くない。〝官邸官僚〟などと揶揄《やゆ》されたりしましたが、このコアメンバーこそが第二次安倍政権の強さの象徴だと思っています。

田村　話は戻りますが、首相を辞任した安倍さんに一旦見切りをつけた財務省は、安倍さんと親しいとなると、身内の官僚でさえも切ろうとしたのですね。官僚らしいというか、財務省らしい発想です。

急に安倍さんと親しい石橋さんに近づいてきた勝栄二郎さんにしても、安倍さんが辞めると距離を置くようになる。

それどころか、民主党政権にベッタリくっついていくわけです。

石橋　民主党政権ベッタリというか、民主党はコントロールしやすいと踏んだのでしょう。ただ、勝さんは義理堅い人であることはたしかです。

勝さんは民主党政権下の二〇一〇年七月に事務次官に就きました。このときの財務相は野田佳彦さんで、二〇一一年九月に首相に就任します。

彼が首相として手がけたのが消費税増税を含む「社会保障と税の一体改革」です。このとき野党自民党の谷垣総裁らを説得し、自公民の三党合意に漕ぎ着けたのは勝さんでした。

勝さんは民主党が下野したあとも野田さんらを支え続けました。増税などについて私たちと意見は合いませんが、筋を通す人です。

田村　財務省官僚の最大のテーマは増税ですが、財務省による二〇一二年四月からの二段階消費税率引き上げ案が煮詰まっていきます。

どういう案かといえば、二〇一四年四月から三パーセント引き上げ、一年半後にはさらに二パーセント引き上げるというものでした。

さすがに財務省内でも、「付加価値税の本場である欧州でも三パーセントもの税率引き上げは前例がないし、景気への衝撃が大きすぎるのではないか」との声が上がります。

ある大物財務官僚に直接聞いたのですが、その声を当時の事務次官だった勝栄二郎さんに伝えると、「いまは民主党政権だから千載一遇《せんざいいちぐう》のチャンスだ。それを逃すわけにはいかない」と一喝されたそうです。

そのときの首相が野田佳彦さんで、それくらい「民主党は利用しやすい」と財務省は認識していたわけです。

石橋　増税、とくに消費税増税は財務省にとって「省是」ですからね。

田村　二段階消費税率引き上げ案が浮上していた二〇一二年には、財務省はメディア対策にも力を入れています。

財務省の幹部が主要全国紙の編集局幹部を、「ご説明に上がりました」と行脚《あんぎゃ》するわけです。産経にも主計局と主税局の幹部三人がやってくるというので、秘書室から「同席しろ」と私に連絡がありました。

そこで私は、一九九七年度に消費税が三パーセントから五パーセントに増税されてから日本経済は慢性デフレに陥り、しかも増税後に政府税収も減り続け、財政赤字が膨らんでいることを、資料を見せながら説明し、彼らの増税論に反対の意見を述べました。

そのとき私は別の取材を控えていたので、その席にいたのは三〇分だけです。その三〇分のあいだに、「こんなに増税は逆の結果しか生まないのに、なぜ増税するのだ」と問い詰めても、財務省の官僚らはひたすら沈黙していました。ひと言の反論もありませんでした。

石橋 理屈ではなく、消費税増税は財務省の「省是」だからです（笑）。

田村 繰り返しますが、野田政権下の二〇一二年六月、民主党、自民党、公明党の三党で「三党合意」が成立します。

社会保障と税の一体改革に関する合意ですが、ポイントは消費税率の引き上げ、つまり増税です。

二〇一四年四月に五パーセントから八パーセントに、二〇一五年一〇月から一〇パーセントにするというものです。

石橋　この三党合意で野田さんは「近いうちに国民の信を問う」ことを約束し、消費税増税を含む「社会保障と税の一体改革」関連法案を成立させました。

そして二〇一二年一一月、自民党総裁に返り咲いた安倍さんとの国会での党首討論でいきなり解散を明言し、約束通り解散を明言しました。

同年一二月の衆院選で民主党は大敗し、安倍さんは返り咲きました。

野田さんは自ら墓穴を掘ったとも言えますが、この人もどこまでも筋を通す正直な人間だとも思います。

ただ、振り返ってみれば、民主党政権で得をしたのは財務省だけということになります。

田村　安倍さんも『回顧録』で、〈財務省は税収の増減を気にしているだけで、実体経済を考えていない。〉と痛烈に批判しています。

石橋　その『回顧録』に対して、齋藤次郎さんが『文藝春秋　二〇二三年五月号』に「『安倍晋三回顧録』に反論する」という論文を寄せています。

ついにラスボスが現れたな、という感じです。

宮澤喜一政権末期から第二次安倍政権が発足するまで、二〇年も政界は混迷を続けますが、その多くの元凶が小沢一郎さんであり、その裏にはいつも齋藤次郎さんがいた。

日本経済の低迷もこの動きにほぼ軌を一にするのですが、消費税増税の動きもこれにリンクしています。

齋藤さんは、安倍さんの『回顧録』で「財務省悪玉論」が世間に広がっていくことを懸念して論文を寄せたそうですが、正直言ってまったく反論になっていません。『文藝春秋』もよくあんな論文を載せたな、と思います。

平成の政治の混迷の裏にはいつも小沢一郎さんと齋藤次郎さんがおり、常に消費税増税と連動しています。

消費税を二度も上げて政権が傾かなかったのは安倍政権だけです。財務官僚がそれを評価せず、いまなお齋藤さんを崇《あが》めているのならば、ちょっと救いようがないですね……。

＊34　今井尚哉
元経済産業省の官僚。第一次安倍内閣で事務担当の内閣総理大臣秘書官、第二次安倍内閣では政務担当の内閣総理大臣秘書官で、途中から首相補佐官に昇格。菅義偉内閣では、内閣官房参与。経済と外交の政策立案に広く携わった。

＊35　北村滋
元警察官僚。二〇一一年一二月から二〇一九年九月まで内閣情報官。二〇一九年九月から二〇二一年七月まで国家安全保障局長と内閣特別顧問。二〇二一年九月の退官後は、北村エコノミックセキュリティ合同会社代表。

＊36　長谷川榮一

元経済産業省官僚。東京大学法学部卒業後に通商産業省（現・経済産業省）に入省、中小企業庁長官などを歴任。安倍晋三内閣では内閣広報官、総理大臣補佐官を務める。

＊37 田中一穂
元財務官僚。第一次安倍政権で首相秘書官を務め、主税局長、主計局長など経て二〇一五年に財務事務次官。日本政策金融公庫総裁。

第二章　財務省の政界工作

●なぜ財務省は増税をしたがるのか

石橋　増税は財務省の「省是」だ、と言ってきました。そもそも、なぜ省是になったのか、そこを田村さん、解説していただけますか。

田村　いちばん大きいのは、「財政法第四条」の存在です。一九四七年三月に施行された財政法は、予算の種類、作成と執行などについて規定した、国の財政に関する基本法です。

一九四七年というのは、まだＧＨＱ（連合国軍最高司令官総司令部）の統治下にあり、日本国憲法が施行された年でもあります。

財政法はこの年の四月一日に施行されていますが、日本国憲法は五月三日です。

戦争放棄を定めたのが、日本国憲法の第九条です。そして財政法の第四条は、均衡財政[*1]を基本として国債を発行しないと決めた法律です。

大東亜戦争を起こした反省から、憲法第九条で戦争放棄した日本が、その戦費を国債で賄った反省から、国債は発行しないと誓ったわけです。この原案を書いた財務省の、当時は大蔵省ですが、課長がそのように語っています。

国債を発行しないということは、その年の歳入だけで、その年の国の歳出を賄うことになります。

歳入と歳出が均衡する、均衡財政です。

第四条には、〈国の歳出は、公債又は借入金以外の歳入を以て、その財源としなければならない。〉と書かれています。

これを財務省は金科玉条のように守ろうとしているので、借金を嫌うわけです。

しかし歳出は増えるばかりだから、それを賄うには増税して歳入を増やすしかないと考えている。均衡財政を守るために増税して歳入を増やす、という発想です。

石橋　政治家は、勉強不足な人が多い。だから、財政法についても、ほとんどの政治家が理解していなかったと思います。

それでも、防衛力増強が大きな政治課題となるなかで、自民党の部会でもようやく財政法に焦点があたるようになりました。

これは大きな前進だと思います。これまでは話題にも上がりませんでしたから。

田村　財政法四条で縛っているのは赤字国債発行で、二度と戦争をさせないようにするため、国債発行を禁じて軍事費調達をさせないようにしたのです。憲法第九条とセットなのです。

したがっていま、防衛費を増額しようと思えば、無視できない存在です。

石橋　二〇二二年一二月に、岸田文雄政権は二〇二三年度から五年間で防衛費総額を四三兆円程度にすることを閣議決定しました。

年間では最終年度の二〇二七年度に八兆九〇〇〇億円程度になると想定しており、二〇二二年度当初予算五兆四〇〇〇億円から一・六倍に積み増す、過去最大の増額です。

バイデン米大統領は、「私が説得した」と得意げに吹聴しましたが、これは大ぼらです。

防衛費増は岸田さんの英断だと思います。安倍さんが七月に凶弾に倒れたこともあり、多少は首相の自覚が出てきたのかな、と思っています。

ともかく、二〇二二年一二月に、国の安全保障政策に関する「国家安全保障戦略」「国家防衛戦略」「防衛力整備計画」の三文書（防衛三文書[*2]）が改訂され、防衛費の大幅な増額や反撃能力の保有を盛り込んだ新しい三文書になるわけです。

防衛三文書は自民党政務調査会でも大いに議論されるわけですが、防衛費の財源として国債を発行すべきだという声も上がり、財政法改正も議題となりました。

安倍さんは死の直前に「建設国債と同様に防衛国債を発行すべきだ」と言っていました。

つまりこの流れをつくったのは安倍さんだと言えます。

防衛費増額分の財源については、歳出改革や決算剰余金[*3]、そして国有財産売却益を充て、足らない部分を増税で賄うことになりました。

残念ながら、防衛国債を発行できるよう財政法を改正する、という流れにはなりませんでした。

田村　第四条では、例外的に公共施設を造るための建設国債の発行は認めています。
そして佐藤栄作《さとうえいさく》内閣だった一九六五年に、歳入不足を補うための赤字国債が初めて発行されました。「特例国債」という扱いで、発行を一年限りとするものでした。

しかし、赤字国債の発行は恒常的に繰り返されることになり、現在に至ります。ともかく財政法第四条の原則は守り通していて、防衛費のための国債発行には財務省が頑強に反対します。

しかも、財政法改正が必要なのですが、野党はもとより与党内部でも、財務省に同調する議員が多いので、現実には不可能なのです。

そうであれば、現行法のもとで工夫するしかない。

安倍さんの経済指南役だった本田悦朗《ほんだえつろう》元内閣官房参与によれば、防衛目的の国債を建設国債の範疇《はんちゅう》に加えるアイデアについても、安倍さんは本田さんと話し合ったようです。

建設国債なら、法改正の必要はありません。財務官僚ＯＢの本田さんならではの名案です。

たしかに、専守防衛の日本の場合、防衛費は自国の安全確保のためであり、国土の保全や国民の安全を確保するためのインフラ整備と目的は同じはずです。

したがって憲法第九条のもとでの防衛費の財源は建設国債で賄うという政治的決断があってもしかるべきです。

国家と国民の安全と安心を図るために、国内の預貯金を国債発行で吸い上げる考え方は理に適《かな》っています。

むしろ、中国、ロシア、さらに北朝鮮といった軍事で威喝する権威主義国家を目の前にして、国内の余剰資金を使わないというのは不合理であり、馬鹿げています。

日本は世界最大の債権国であり、あまったカネを輸出しています。そして日本のカネはニューヨーク、ロンドン、香港など国際金融市場に流れ込みます。そのおかげで国際金融市場での調達コストは安くなります。

その最大の恩恵国が中国です。

米国などの国際金融資本や投資ファンドは対中投資をするし、中国の国有企業や金融機関は低コストのドル資金を調達できます。そして国内投資をさかんにし、高い経済成長を実現してきたのです。

その経済力をテコに軍拡を行い、沖縄県尖閣諸島周辺など東シナ海、さらに南シナ海で日本など周辺国を威圧する。台湾侵攻の準備を行う。日本列島すべてを標的にした核ミサイルの基地を配置する。

なのに、防衛目的の国債発行を禁じるのは、日本の自殺行為です。

石橋　財務省は、第四条を守って赤字国債の発行も止めたい。均衡財政に戻すために、赤字国債発行による借金も早く返したくて躍起になっているわけです。

田村　曲者《くせもの》なのが、第一章でも触れた、プライマリー・バランスです。

社会保障や公共事業をはじめとする行政サービスを提供するための経費（政策的経費）が、税収などで賄えているかどうかを示す指標がプライマリー・バランスです。

プライマリー・バランスが赤字だと均衡財政になっていないので黒字にしなければならない、

というのが財務省の理屈です。赤字国債の発行を前提にしてはいけない、というわけです。一九九六年に成立した橋本龍太郎内閣のとき、財務（大蔵）省が必死に裏工作をします。御用学者に海外視察をさせて、大事なのはプライマリー・バランスだという報告書を書かせる。

それでもって、日本でもプライマリー・バランス重視の政策をやらなければいけないと、橋本さんを必死で説得するわけです。

プライマリー・バランスを黒字にするためには、歳入を増やさなければいけません。手っ取り早いのは消費税の増税だというので、一九九七年四月に消費税率を三パーセントから五パーセントに引き上げさせます。

石橋　消費税増税は、橋本さんの前の村山富市内閣のときに内定しますが、橋本さんがあっさりと受け入れてしまった理由がよくわかりました。

田村　さらに、橋本さんは緊縮財政策をとります。

一九九七年一一月に「財政構造改革法」を成立させて、赤字国債発行を毎年度削減するなど財政再建路線をとります。加えて、プライマリー・バランスを均衡させるために、歳出を抑えた緊縮型の予算も組みます。

これによって、日本経済の景気減速に拍車をかけてしまう。

緊縮財政で世の中におカネが回らなくなって、景気が落ち込んでいく。深刻な就職氷河期と、デフレの蔓延《まんえん》を招くことになります。

その影響で、橋本さんの知り合いだった中小企業の経営者が自殺しています。晩年になって、自分のやった政策を、橋本さんはずいぶん後悔していたようです。

そういう政策を橋本さんにけしかけたのは財務（大蔵）省です。


石橋　財務省は、ＮＨＫとよく似ていますね。将来伸びそうな政治家がいると、ＮＨＫは特定の記者を貼り付けます。いわゆる番記者です。

番記者は新聞や民放も付けますが、担当する政治家は頻繁《ひんぱん》に変わります。でもＮＨＫは基本的に同じ政治家に同じ記者が付くんです。

安倍さんの番記者だった岩田明子さんを見てわかるように、ＮＨＫはずっと同じ記者が担当し、政治家の出世とともに記者も出世する。

財務省も、特定の政治家に特定の官僚を貼り付け、「番官僚」にします。この番官僚はＮＨＫと同様に基本的に変わることはなく、その政治家の出世に合わせて番官僚も出世します。

逆に、その政治家が失脚すると、番官僚も省内での出世の道が閉ざされる。だから、番官僚として担当の政治家を必死で支えます。

財務官僚は「官僚のなかの官僚」などと呼ばれていますから、傲岸不遜《ごうがんふそん》なイメージが強いと思います。

しかしながら、政治家の前では異様なほど腰が低い。もう、ひたすら腰を低くして「御用聞き」みたいです。

田村　なるほど。普段はふんぞり返っているのに、政治家の前では、まるで違う態度になる。

石橋　言い方は悪いですが、そうやって政治家を絡め取っていくわけです。

防衛大臣も務めた稲田朋美《いなだともみ》さんが一年生議員だったころからの番官僚が、「財務次官、モノ申す――『このままでは国家財政は破綻する』」という論文を『文藝春秋　二〇二一年一一月号』に発表した矢野康治《やのこうじ》さんです。

田村　前にも述べましたが、稲田さんが存在感を増すのと同時に矢野さんも出世していくわけで、事務次官までやりました。

石橋　いや、稲田さんはあまり関係ありません。

稲田さんが一年生議員のころ、あまりに税財政がわかっていなかったので、矢野さんが家庭教師のように足繁く事務所に通っていました。

矢野さんを引き上げたのは菅義偉さんです。

矢野さんは第二次安倍政権発足時の官房長官秘書官でした。矢野さんはワーカホリックではないかと思うほどよく働くし、相手が誰であっても歯に衣着せずに自分の考えを述べる硬骨漢です。

菅さんはそういうところを気に入り、引き上げました。

安倍さんの地元である山口県下関市出身だったこともあり、安倍さんの覚えもめでたかったのです。

そういう背景があっただけに、安倍さんは『文藝春秋』の論文に激怒したんですよ。

田村　矢野さんは根気よく、イロハのイから始めたのですね。

低姿勢でうまくおだてながら、染め上げていく。

その結果、稲田さんは財政均衡のためには増税が絶対必要だと確信するに至り、安倍さんよりも矢野さんの言うことを聞くようになったのだと見ます。

石橋　財務官僚というのは、単に頭がよくレジュメをつくるのが上手なだけではありません。気配りができ、話上手で場持ちのよい人が出世するのです。政治家としても、助かるというか、便利な存在です。

しかも財務省は、予算を通じて各省の政策や動きをすべて把握しています。

ですから財務相になれば、ほかの閣僚の動きもすべてわかるわけです。

さらに地元の予算陳情などは、財務相が何も働きかけをしなくてもするすると通ります。

財務相が首相に次ぐ筆頭相として位置づけられるのはそのためです。

逆に、政治家は財務省に絡め取られているとも言えます。財務相のほとんどは財政再建派になってしまう。

二〇〇七年に第一次安倍内閣末期から福田康夫内閣にかけて財務相だった額賀福志郎《ぬかがふくしろう》さんなどは、その典型だと言えます。

田村　中央官庁としての財務省の力の源泉が情報力です。全省庁の予算を査定する主計局はとくにそうです。

何しろ、全省庁の官僚から予算要求に付随する情報をすべて聞き出すので、内政・外交を問わず、重要な情報はすべて掌握できるし、それらを取りまとめることができます。

そんな存在は内閣府にもないのですから、内閣府スタッフも財務省に牛耳られてしまう。首相も独自の情報源がないと、財務省の情報に頼るしかない。

例えば、首相の諮問《しもん》機関である経済財政諮問会議は各分野の代表委員で構成されていますが、裏で会合の議題を決め、答申書を書くのは財務官僚です。

民主党政権当時の東日本大震災復興構想会議も、財務官僚が裏で増税案を仕込んでいます。第一回会合では増税案がろくすっぽ議論されなかったにもかかわらず、議長の五百旗頭眞《いおきべまこと》さんに基本方針として「全国民的な支援と負担が不可欠である」と言わせ、震災復興税の導入を提案させています。

政治外交史家の五百旗頭さんは日本経済がデフレに苦しんでいることなぞ、念頭にはなかったのでしょう。財務官僚の敷いた増税路線にやすやすと乗せられた。

もっとも経済専門の学者も、その多くは財務官僚に頭が上がりません。複雑な財政の仕組みについては東京大学や一橋大学など、有力大学の経済学教授ですらフォローしきれないので、財務官僚にこっそり聞きに行くのです。

ましてや政治家は至れり尽くせりで教えてくれるので、財政の見識に自信が芽生え、最終的には自分が税や予算の権威になったかのように錯覚してしまいます。

それでも、最後まで財務省が政治家の味方のままでいるわけではないのも現実です。民主党政権が典型例でしょう。菅直人、野田佳彦両内閣は財務省の増税路線にどっぷり浸かってしまった挙げ句、有権者の信任を喪失してしまいました。その結果、財務官僚からは見向きもされなくなりました。

石橋　前にも話した通り、安倍さんも第一次政権のころは、むしろプライマリー・バランスを重視する「普通の政治家」でした。

変わったのは民主党政権で日本経済が存亡の淵に立たされたからです。

民主党政権は、無策の極みでしたが、予算編成はやらなければならないので、最低限の経済政策は財務省が主導しました。

そんななかでデフレは深刻化し、日経平均株価は八〇〇〇円台で低迷し、円の為替レートも一ドル＝八〇円を切りました。

日本のメーカーは次々に生産設備を海外に移し、産業の空洞化も進みました。

そこで安倍さんも「財務省の言いなりだと日本経済は大変なことになる」と気付いたのです。

田村　第一次政権の安倍さんが総理の座を退くと、財務省も安倍さんと距離をとるようになりました。

そして、政権を取った民主党を根元から枝葉まで財務省色に染めていったわけですが、安倍さんのほうは次第に目覚めていく。

財務省も日銀も円高志向で一致しています。民主党政権は両者に対し、何も言おうともしなかった。その結果は超円高とデフレ不況の深刻化です。

安倍さんはそれをよく見ていたのですね。

＊1　均衡財政

中央政府や地方政府の予算において、経常収入が経常支出と等しくなる状態。収入が支出を上まわれば黒字財政、下まわれば赤字財政となる。

＊2　防衛三文書

「国家安全保障戦略」「国家防衛戦略」「防衛力整備計画」の三文書。二〇二二年一二月、政府は防衛費の大幅な増額や反撃能力の保有などを盛り込んだ、これら新たな防衛三文書を決定。防衛費を国内総生産（GDP）比で二パーセントに増やした。

＊3　決算剰余金

予算措置はしたものの使い切れず、残ったおカネ。

●財務省官僚に怒りを露わにした安倍さん

田村　財務省や日銀のOBは、いまでも高橋是清《たかはしこれきよ》[*4]財政を諸悪の根源みたいに言います。

政権交代で民主党の鳩山由紀夫内閣が二〇〇九年九月に誕生しますが、そこで財務大臣に就任するのが藤井裕久《ふじいひろひさ》さんです。財務（大蔵）省の出身で、彼も高橋財政否定派でした。

一九三一年末に発足した犬養毅《いぬかいつよし》[*5]内閣で、大蔵大臣に就いたのが高橋是清でした。昭和恐慌[*6]の最中で、それを高橋は積極財政で乗り切ります。

そのために高橋は国債を大量に発行しますが、それを引き受けさせられたのが日銀でした。日銀は大蔵省に従わされたわけで、屈辱でしかない。

だから高橋も憎いが、大蔵省に屈することになった積極財政を恨んでいる。大蔵省のほうは、大蔵官僚出身の濱口雄幸《はまぐちおさち》内閣時代の一九三〇年、円の金本位制復帰を意味する金解禁と、円の金に対する価値を維持するために必要な緊縮財政、つまりデフレ策に走りました。

その結果、戦前では最も深刻な昭和恐慌を招いてしまいましたが、財務官僚にはいまなおその反省はありません。一九三一年発足の犬養内閣の高橋蔵相によって金本位制と緊縮路線を廃棄させられ、赤字国債を大量発行させられたとの被害者意識すらあります。

それと高橋財政が軍部を増長させたという思い込みが甚《はなは》だしい。藤井さんはまさにその遺伝子を継いでいました。
実際には高橋是清は昭和恐慌を終わらせましたし、景気が好転するや軍部と対峙《たいじ》し、軍事予算を削ろうとして軍部の恨みを買ったのです。

石橋　そういうなかで、第二次安倍政権以降、安倍さんの盟友である麻生太郎さんが財務相を務めたのはよかったです。
麻生さんは強面《こわもて》に見えますが、非常に気さくで、官僚を使うのが上手な政治家です。しかも信用した相手を決して裏切らない。
麻生さん以外の人が財務相だったらアベノミクスにはもっと大きなブレーキがかかったと思います。

田村　安倍さんを支えたリフレ派は、デフレ脱却のために財政と金融を大いに活用するのを基本にしていました。
積極財政をやろうとしていた安倍さんが、第二次政権で麻生さんを財務相に据えたのは、麻生さんが積極財政に理解があると踏んでいたからでしょう。ただ、財務相としては表向き、財務官僚の財政均衡主義を否定するわけにはいかないのも現実です。

石橋　麻生さんは安倍さんよりも古くから積極財政派ですよ。
ただ、二〇一二年秋に自民党総裁に返り咲いた安倍さんが第二次政権を発足させるにあたり、麻生さんには副総理兼外相をやってもらうつもりでした。

麻生さんは安倍さん以上に〝銀のスプーン〟を咥《くわ》えて生まれてきた人ですから、外国要人にもまったく物怖じしない。外相経験も長く、外交センスもあり、国家観も安倍さんに近い。

そこで安倍さんは麻生さんに外相として安倍外交を支えてほしいと思っていたのです。

ところが、麻生さんとじっくり話してみたら、話題は経済政策ばかり。しかもリフレ派まではいかないけれど積極財政派であり、基本的な考え方も自分と変わらない。そこで、財務相をお願いすることにしたのです。

田村　リーマンショックが起きたとき、麻生さんは首相でした。リーマンショック後、麻生さんは二度にわたって大型補正予算を組み、エコカー減税や家電ポイント制によって家計消費を刺激しようとしました。

経済危機時の対策として当然と言えば当然ですが、あのとき、鍵を握っていたのは財政よりも金融でした。

米欧の中央銀行が大規模な金融の量的緩和策に踏み切ったのに、日銀の白川方明《しらかわまさあき》総裁は「日本の銀行の信用に問題はない」と見なして、金融緩和に動かなかった。

麻生内閣で日銀に物申さなければならない立場にあったのは、経済財政政策担当相の与謝野《よさの》馨《かおる》さんでしたが、与謝野さんはリーマンショックについては「蜂が刺した程度」と言い放つありさまで、白川日銀の無為無策を容認したのです。

それが超円高と、デフレ圧力の高まりを招き、せっかくの財政出動の効果が台無しにされてしまった。

世界大恐慌のとき、犬養内閣には高橋是清蔵相がいて、世界一早く不況から脱出したのですが、麻生内閣には与謝野さんのような緊縮主義者しかいなかったのは麻生さんにとって不運でした。

石橋　麻生さんは、昔から高橋是清の信奉者です。「デフレ脱却のためには、ありとあらゆる手段を使わなければいけない。財政出動は臨機応変にやるべきだ」と繰り返し、主張してきました。

麻生さんは「財務相は、財務官僚がいちばん嫌がる奴がやらないとダメなんだ」などと言っていましたが、お人好しだから、結構財務官僚に丸め込まれていましたね（笑）。

もし、麻生さんが「消費税引き上げを延期するなら財務相を辞任する」などと言い出したら、政権は窮地に陥ったはずです。

でも麻生さんはそういうことは決してやらない。自分が安倍さんと歩調を合わせることが政権にとって何よりも大切だと考えていたからです。

ふたりの二人三脚の政権運営は最後まで続きました。

田村　高橋是清の時代と違って、いまは財政均衡を求める財政法があります。

財務相による財政法の主旨から逸脱するような発言など、放漫財政容認のような印象をマーケットに与えてしまえば、メディアや野党から攻撃されるでしょう。

政治的にまずいことになるばかりか、国債相場が下がり、国債発行金利が急上昇する可能性がある。財政負担が膨らんでしまうのです。

ですから、積極財政よりも財政健全化や増税の必要性を、閣内でも公の場でも力説するのが、財務相の役割ということになります。恐らく麻生さんも安倍さんもそれがわかっていた。石橋さんの指摘通り、麻生さんがゴリゴリの緊縮財政派だったら、それこそアベノミクスどころではなくなる。

石橋　麻生さんが「安倍さんはちょっとやりすぎだ」と思ったことは何度もありだろうし、安倍さんは「麻生さんは役人に甘いな」と思ったこともあるでしょう。

でもふたりの盟友関係は崩れることはなかった。

安倍さんにとって、麻生さんと官房長官の菅義偉さんは不可欠な存在だったのです。

田村　麻生さんは消費税増税の延期に反対だったけれど、海外出張する飛行機のなかで、税率引き上げ延期を認めたというエピソードもありました。

石橋　すでに触れましたが、民主党の野田佳彦政権が二〇一二年八月一〇日、五パーセントの消費税率を二〇一四年四月に八パーセント、二〇一五年一〇月に一〇パーセントに引き上げることを明記した「社会保障と税の一体改革」の消費増税関連法を、民主、自民、公明の三党の賛成を得て可決・成立させました。

当時、この法案について、民主党代表の野田佳彦さんと合意したのは当時自民党総裁だった谷垣禎一《たにがきさだかず》さんです。

ですから、安倍さんが約束を反故《ほご》にして、法改正し、無効化することもできたのです。ただ、それをやれば、自民党内が真っぷたつに割れかねなかった。

安倍さんは当時、平和安全法制の制定に動き出していたので、消費税をめぐって、自民党内をガタつかせるわけにはいかなかったのです。

二〇一四年四月の消費税八パーセントをすんなり呑んだのも同じ理由からでした。

私たちは政権後半の安倍〝一強〟時代が脳裏に焼き付いていますが、第二次政権発足当初の安倍さんの自民党内の基盤はそれほど強固ではなかった。


田村　岩田規久男《いわたきくお》さんの近著『経済学の道しるべ』（夕日書房刊）によれば、岩田さんが日銀副総裁を退いたあとの二〇二一年、二次政権の首相退陣後の安倍さんが会長を務める議員グループの会合で講演したそうです。そのあと、岩田さんは安倍さんに「なぜ一四年度に消費税を増税したのか」と訊いた。

すると、安倍さんは「財務省の力がすごかった」と答えた。

さらに岩田さんは「一国の宰相が財務省に勝てないんですか」と訊くと、安倍さんは「財務省は消費増税しなかったら、財政は破綻することを国会議員に徹底的に説得して回るのです。そのため、ほとんどの議員が財務省の言うことを信じてしまっているんです」と言ったとのことです。

石橋さんのおっしゃる通り、当時はまだ政治的基盤が弱かった。

そして、第二次安倍政権の二〇一四年四月に消費税率が八パーセントに引き上げられます。ただ、一〇パーセントにするとき、安倍さんはかなり抵抗します。八パーセントに引き上げたことで消費が落ち込んだため、消費増税関連法では二〇一五年一〇月に一〇パーセントに引き上げることになっていましたが、安倍さんは二〇一七年四月に延期することを二〇一四年一一月に表明します。

石橋　それを、麻生さんも受け入れたわけです。

もし、麻生さんが財務省ベッタリだったら、もっと抵抗したはずです。安倍さんが消費税引き上げ延期をできたのは、麻生さんの了解が得られたからです。

それでも、財務官僚は激しく抵抗しました。

あちこちに手を回したので、銀行業界、財界、新聞・テレビなどは「先送り反対」の大合唱でした。本当に愚かですね。

財務省の工作活動の首謀者は、消費増税関連法でも中心的な役割をはたした、香川俊介《かがわしゅんすけ》さん(故人)です。〝先送り反対包囲網〟のときは、財務事務次官でした。

香川さんは、引退したとはいえ、安倍さんの後見人であり、政界に強い影響力を持っていた森喜朗元首相も訪ね、協力を求めています。

それを受けて森さんは、わざわざ首相官邸まで足を運び、安倍さんを「延期したらダメだ。

国債が暴落するかもしれないよ」と説得しています。

さらに香川さんは、公明党のみならず、その支持母体の創価学会にも根回しに動きました。

あのとき、私は安倍さんに「香川さんに好き勝手にさせていいんですか」と訊くと、怒気をはらんだ声でこう言いました。

「たかが一官僚のくせにあり得ないだろ。それとも、香川は、オレに政局を仕掛けているのか？」

田村　民主主義による選挙を経た政権の意志決定に、官僚が組織ぐるみで策を弄して刃向かうことは異常です。首相に対して、官僚が反旗を翻しているわけだから、それは怒って当然です。景気は落ち込んでいるのに、それでも増税に躍起になるのは、まさに財務省です。

石橋　私は当時政治部を離れていましたが、編集局長に言われて「財務省は、オレに政局を仕掛けているのか」を大見出しにしたインサイド記事を署名で書きました。

すると、すぐに旧知の財務官僚から携帯電話に連絡があり、「総理は、本当にあんなことを言ってるの？」と訊いてきたのです。

「じつはちょっとだけ見出しを変えた。本当は『財務省は』ではなく『香川は』と名指しだったけれど、そのまま書くといくら何でも可哀想でしょ」と応じると、絶句していました。

田村　それは縮み上がりますよ。
官僚の人たちは省庁を問わず、固有名詞を出されることを恐れます。自身の出世や将来に響くかもしれませんから。

したがって官僚は、名前を伏せたまま、「○○省」がこうだ、こんな工作をしているなどとメディアに叩かれてもほとんどの場合、無視します。

石橋　あのあたりから安倍さんは財務官僚に対して強い不信感を抱くようになりました。

安倍さんは本音では、無期限延期にしたかった。ただ、麻生さんの顔を立てて期限付きの延期にしたのです。

それに日銀総裁の黒田東彦《くろだはるひこ》さんが「法律で決めたことだから無期延期はよくない」と再考を促したことも大きかった。

アベノミクスは、黒田さんの「異次元の金融緩和」があってこその経済政策です。そこで安倍さんは期限付き延期にせざるを得なくなった。

それでもなりふり構わず抵抗する財務官僚には腹を据えかねたのでしょう。

＊4　髙橋是清

内閣総理大臣や日銀総裁も務めた大正・昭和期の政治家。米国に留学するものの、奴隷として働かされた逸話は有名。大蔵大臣として、金輸出再禁止、史上初となる国債の日銀引受による政府支出の増額で、世界恐慌で混乱する日本経済をデフレから脱出させた。一九三六年の二・二六事件で暗殺された。

＊5　犬養毅
内閣総理大臣も務めた明治・大正・昭和期の政治家。一九一三年の第一次護憲運動で活躍し「憲政の神様」とも呼ばれた。一九三二年の五・一五事件で暗殺された。

＊6　昭和恐慌
一九二九年一〇月に米国で起きて世界中を巻き込んだ世界恐慌が日本にも波及し、一九三〇年から一九三一年にかけて日本経済を危機的な状況に陥《おとしい》れた。戦前における日本の最も深刻な恐慌。

●黒田日銀総裁誕生の経緯

田村　黒田東彦さんの名前が挙がってきたので、黒田さんについて再度、詳しく触れておきます。黒田さんは二〇一三年三月に日本銀行総裁に就いています。

経緯《いきさつ》は以下の通りです。

二〇一三年二月五日、当時の白川方明日銀総裁が突如、四月八日の任期満了を待たずに、三月一九日に辞任する意向を安倍晋三首相に伝えたのです。

白川さんは自身の再任はないと察知して、自ら退く決心を固めたというのが真相でしょう。安倍首相や腹心の本田悦朗内閣官房参与にとっては余計な手間が省けたことになります。

じつは、二月初めの時点で安倍首相は本田参与と相談のうえで、次期日銀総裁または副総裁の候補を岩田規久男学習院大学教授、黒田東彦アジア開発銀行総裁[*7]のふたりに絞っていたのです。

順番としては岩田さんへの総裁打診が一番で、固辞された場合は黒田さんに総裁をという手順だったようです。

ポストふたつの副総裁候補としてはもうひとり、日銀生え抜きの中《なか》曽《そ》宏《ひろし》さんがいました。

本田さんが電話で、まずは岩田さんから安倍さんの意向を伝えましたが、岩田さんは副総裁のほうがよいということで、黒田さんが総裁となります。

正式には安倍さんが電話連絡して事実上の内定となりますが、安倍さんは首相室の固定電話を使わず、そばにつききりの本田さんの携帯電話を借りて三人各自に就任を要請したのです。

もちろん、総理からの電話ですので、本田さんはあらかじめ、三人にすぐに電話が取れる用意をしておいてくれと連絡済みでした。

中曽さんは、その日は講演中でしたが、本田さんが携帯を演壇に置いておくように要請していたようです。多忙極まる総理から大事な電話がかかってくるのに、講演のために出られないということは、立場上許されないことですから。

安倍さんがまず岩田さんを総裁の第一候補と考えたのは、第一次安倍政権の挫折後、岩田さんと会ってリフレ派の考えをしっかりと勉強したからです。

岩田さんは、平成バブル崩壊不況が一九九〇年代後半に深刻化して以来、日銀の資金発行を大幅に増やす量的金融緩和の有効性を一貫して説いていました。

そして、二〇〇三年には金融の量的緩和と消費税減税により、二パーセントのインフレ目標の達成を唱えていました。

安倍さんが第二次政権を発足させたとき、ただちに二パーセント物価安定目標を盛り込んだ「政府日銀共同声明」を出した裏には、岩田さんの理論があったからです。

黒田さんについてですが、安倍さんは政権の座に返り咲く前に唱えていた、自身の金融緩和重視策について、黒田さんが賛意を表明していたことを高く評価していました。

それればかりではありません。

二〇一二年一二月にアベノミクスを打ち出し、さらに翌年一月の政府日銀共同声明後、外国為替市場では円が売られ、それまでの超円高が是正されていきます。

すると、欧州中央銀行の幹部が「日銀は円安誘導をしている」と批判しはじめた。「円安誘導」という評判が米国産業界にまで広がると、当時の米議会やオバマ政権から激しいクレームがつき、日米関係にも響きかねません。

そこで安倍さんは、「総裁には国際的な場で、英語で相手を説得できる人を」との条件を付けていました。その点、黒田さんは財務官[*8]、さらにアジア開銀総裁として国際会議の経験が豊富なことから申し分ありません。

安倍首相がもうひとつ、心配していたのは、黒田さんがアジア開銀総裁を退いた場合、次の総裁ポストを中国に奪われる可能性でした。

本田さんが黒田さんに訊くと、「いや御心配には及びませんよ。次も日本からで承認されます」との返事でした。

アジア開銀最大の出資国は日本です。中国のアジアでの影響力は増大するばかりですが、中国は当時、アジア開銀からの最大の借り入れ国だったのです。

借金する者が貸し手の銀行のトップに座ることは利益相反になります。

こうして安倍首相は白川さんの辞任表明以来、数日後には次期日銀正副総裁人事を内定していたのです。

それをスクープしたのは産経で、二月一〇日午後一時三〇分の『産経電子版』で〈日銀総裁黒田アジア開発銀総裁が有力　元財務官、国際金融に精通〉と報じました。各メディアは一斉に追い掛けてきました。

二〇一三年二月二八日、政府は、衆参の議院運営委員会理事会に、黒田さんを次期日銀総裁の候補者とする人事案を正式に提示したのです。

黒田さんは財務省で事務次官の経験はなく、最後は財務官でした。日銀総裁は、「事務次官経験者の指定ポスト」という不文律が財務省にはあります。

それは黒田さん自身も気にしていたはずです。

そのため黒田さんは、財務省の意向に背くようなことはやりたくなかったというか、考え方に沿おうとしたのでしょう。

石橋　そういう事情もあって消費税率引き上げを延期するときに、黒田さんは安倍さんの説得に動いたんでしょうね。

＊7　アジア開発銀行
アジア・太平洋地域を対象とする国会開発金融機関。設立は一九六六年。日本は設立以来、最大の出資国となっている。

＊8　財務官
財務省にあって、為替や国際金融などの国際局が所管する業務の最高ポスト。事務次官クラスのポストとされる。

●黒田日銀総裁消費税増税推奨の裏側

田村　消費税の引き上げを、石橋さんも言われたように、安倍さんは躊躇《ためら》っていましたが、安倍さんは日銀による異次元金融緩和政策の出だしで目覚ましい成果を見て、黒田さんには絶大な信頼を寄せていたのでしょう。

二〇一三年四月九日、黒田さんは第三一代日本銀行総裁に就任します。就任記者会見で黒田さんは、「量的に見ても、質的に見ても、これまでとはまったく次元の違う金融緩和を行う」と述べています。

これがいわゆる「異次元の金融緩和」です。

日銀の伝統的な金融市場操作目標は金利でしたが、異次元緩和では資金供給量[*9]（マネタリーベース）に変更されました。

流通する資金量を増やすことで経済を活性化させようとしたわけです。

それも、二年間で二倍にもなるペースの大規模なもので、これを物価上昇率二パーセントの達成まで継続するというものでした。前総裁の白川さんの方針から大転換したわけで、明らかに安倍さんの意に沿うものでした。

そして六月一四日、安倍さんは「日本再興戦略」を発表します。

大胆な金融政策、機動的な財政政策、民間投資を喚起する成長戦略の「三本の矢」を経済成長のための政策運営の柱に掲げたのです。いわゆるアベノミクスの〝総集編〟です。

第一の矢である大胆な金融政策は、超円高の是正をもたらします。そして、輸出競争力の回復に貢献しました。株価も上昇軌道に乗ります。

第二の矢である機動的財政出動は、初年度だけに終わってしまいましたが、第一の矢が主導するかたちで雇用情勢を上向かせます。

それまでの日本の大問題は、賃金が上昇しないことでしたが、機動的財政出動の効果で下落トレンドから脱して、賃金がわずかながら上昇傾向を示すようになっていきます。

それでも消費税増税が、成果を出しつつあるアベノミクスに冷水をかけること、それに安倍さんは気付いていたはずです。

石橋さんは「黒田さんが安倍さんを説得した」とおっしゃいましたが、私は「脅した」と思っています。

あのとき黒田さんは、「もし、予定通り消費税増税に踏み切らない場合、日本国債暴落という『テールリスク』に見舞われる恐れがある。万が一そうなったら、日銀としては打つ手がなくなる」と安倍さんに詰め寄っています。

「テールリスク」というのは、隕石が地球に衝突するといった程度の確率を指します。つまり、気にするほどのリスクではないわけです。

石橋　財務官僚らしいといえば財務官僚らしい（笑）。

そういえば、安倍さんも「黒田さんも根っこは財務官僚なんだよね」と言っていたことを思い出しました。

田村　黒田さんと示し合わせたと思われるのが伊藤元重東大教授と日経です。

伊藤元重さんは同僚の伊藤隆敏教授との連名で『日経』「経済教室」東日本大震災の復興増税キャンペーンを行ったことは、先に述べました。

それが今度は、二〇一三年九月四日付の『日経』「経済教室」欄を再度使いました。消費税増税を先送りした場合、金利暴騰、国債暴落の「テールリスク」があるとし、〈いざそのリスクが顕在化したら大変なことになる。〉と指摘しています。黒田論法とそっくりです。タイミングも同時期で黒田さんと口裏を合わせたとしか思えません。

これで、安倍さんは渋々、消費税増税に踏み切ります。

「ポリティカル・キャピタルがなかった」と、あとで周辺に安倍さんは語っています。ポリティカル・キャピタルとは米国の政治用語で、反対勢力に対して自らの意見を押し通せるだけの政治的影響力という意味です。

増税の結果はデフレ圧力の再発と景気の落ち込みです。

衝撃を受けた安倍さんは二〇一四年一一月に、二〇一五年一〇月に予定されていた二パーセント幅の消費税率追加引き上げを、二〇一七年四月に延期すると表明しました。

黒田総裁はそこで動きます。

二〇一七年四月増税実施を確実にするため、二〇一六年一月に異例のマイナス金利政策を導入し、さらに九月には長短金利操作[*10]（イールド・カーブ・コントロール〔ＹＣＣ〕）に踏み切りました。

しかしながら、米連邦準備制度理事会[*11]（ＦＲＢ）は失敗のリスクが高いと見て長短金利操作はしません。黒田さんは出身母体の財務省に忖度《そんたく》し、安倍さんへの増税工作に異例中の異例の金融手法を導入したのです。

財務省の意を汲んで、消費税増税を安倍さんに促すためという不純な動機から金融手法をねじ曲げたようなもので、これがいまに至る大規模金融緩和政策の混迷を招いたのではないかと私は思います。

ともかく、黒田さんは、「テールリスク」という単語を引用したこけおどしで、安倍さんを説得したわけです。『日経』紙面を利用した両伊藤教授との連係プレーといい、背後には財務省がいたのです。

石橋　間違いありません。財務省が動いていなければ、テールリスクという言葉も出ていなかったかもしれません。

田村　安倍さんは黒田さんを信頼しきっていたから、あんな子供騙《だま》しに乗ってしまった。

その黒田さんを日銀総裁にしたのは安倍さんですが、先に述べたように最初、「黒田日銀総裁」を考えていませんでした。白川方明日銀総裁が二〇一三年二月初めに辞任表明すると、安倍さんはただちに本田内閣官房参与に、次期日銀総裁候補として黒田さんと岩田規久男学習院大学教授のふたりを示したのですが、安倍さんの意中は「岩田総裁」だったのです。

しかし、既述のように岩田さんは、「副総裁を望みます」と答えました。日銀総裁になると官邸や財務省、国会との意見調整の役割を担わなくてはなりません。学者一筋の岩田さんにしてみれば、慣れない調整や国際会議の出席が面倒だったのではないでしょうか。

岩田さんが総裁の座を固辞する以上、「黒田総裁」しかありません。本田さんは黒田さんに電話します。

これも先ほど触れましたが、財務省には「日銀総裁は事務次官経験者の指定ポスト」という不文律があって、黒田さんも気にしているので、簡単に首を縦には振りません。

国際担当の財務官は華やかに見えますが、やはり内政担当が優位だというわけです。説得に当たった本田さんも財務省の国際畑が長いので、黒田さんのためらいはわからないではありませんが、それどころではありません。

政権に返り咲く前から唱えていた安倍さんの金融緩和重視に賛意を表していた黒田さんを、安倍さんは高く評価している。

それを本田さんが伝えると、黒田さんも了解します。

このとき財務省は、元財務事務次官で当時日銀副総裁だった武藤敏郎《むとうとしろう》さんを総裁にしようとします。

その意を受けて財務相の麻生さんは、安倍さんに武藤さんを推しました。でも安倍さんは受け入れなかった。

石橋　安倍さんはかつてこう言っていました。

「別に武藤さんを評価していないわけじゃない。でも福井俊彦総裁の下で白川さんとともに副総裁をしていた武藤さんを総裁にしたら市場はどう判断するかな？

『結局、安倍も従来のたすき掛け人事を踏襲したのか。アベノミクスもかけ声倒れだ』となって株価は急落するんじゃないか。

だから武藤総裁はあり得ない選択だったんだよ」

あのとき安倍さんは、副総裁に元財務事務次官の勝栄二郎《かつえいじろう》さんを考えていました。

二〇一三年の一月末だったか、安倍さんが電話でこう言いました。

「石橋は財務省の勝さんと親しかったよね。

勝さんは日銀副総裁を引き受けてくれるだろうか。副総裁をやれば次の総裁になる。

それとなく探ってみてくれないか」

ですから、安倍さんは当初、「岩田規久男総裁・勝栄二郎副総裁」という人事を考えていたんじゃないですか。

しかし、勝さんは自らの副総裁案を一蹴してしまいました。

自分が副総裁を引き受ければ、武藤さんの日銀総裁の芽はなくなります。〝鉄の規律〟を誇る財務省では、先輩を差し置いて自らが総裁になるという選択はあり得ないのですね。

勝さんが副総裁就任の話を無碍《むげ》に断ったことにより、安倍さんと勝さんの関係は、急激に冷え込みました。

その後の安倍さんと財務官僚の相克は、日銀総裁人事から始まったと断じてよいと思います。

田村　黒田さんは、財務省の財務官だった二〇〇四年四月三〇日、日本国債の格付けを米国の格付け機関から下げられたとき、「日・米など先進国の自国通貨建て国債のデフォルトは考えられない」と強く抗議しています。

デフォルトとは国債の買い手がつかなくなる事態のことです。

その抗議書簡では続いて、「日本は世界最大の貯蓄超過国」「国債はほとんど国内で、しかも極めて低金利で安定的に消化されている」「日本は世界最大の経常黒字国、債権国であり、外貨準備も世界最高」と、まさに正論を展開していました。

言い換えると、国債暴落のリスクを全面否定していたのに、その前言との矛盾を取り繕うために「テールリスク」なる用語を持ち出したことになります。

黒田日銀総裁はこうして財務省の尻馬に乗って、景気に冷水を浴びせるような消費税増税を援護射撃したわけです。

消費税増税の結果、それまでのアベノミクスの成果の多くが吹き飛んでしまい、デフレ圧力が再燃してしまった。それと、前にも述べましたが、マイナス金利、ＹＣＣという名の長期金利抑制にまで踏み込み、異次元緩和政策を不安定にしてしまった。

黒田さんの消費税増税容認の罪は大きいと断じざるを得ません。

＊9　資金供給量（マネタリーベース）
日本銀行が直接、世の中に供給する資金量。流通現金（紙幣と貨幣の発行高）と金融機関が

決済のために日銀に預けている当座預金残高の合計。
＊10　長短金利操作（イールド・カーブ・コントロール〔ＹＣＣ〕）
「長短金利操作付き・質的金融緩和」のことで、長期および短期の金利を操作して、景気を刺激するための施策。ＹＣＣはYield Curve Controlの略。
＊11　連邦準備制度理事会（ＦＲＢ）
The Federal Reserve Board。連邦準備制度（ＦＲＳ）の構成機関のひとつで、米国の金融政策を策定する理事会。

●混乱に乗じた財務省

田村　一九九七年四月に、当時の橋本龍太郎内閣が消費税率を三パーセントから五パーセントに引き上げます。

同時に、社会保険料の引き上げと財政支出の削減という「緊縮財政三点セット」を断行しました。

バブル崩壊後の不況から需要が立ち直っていないなかで、消費税増税で強制的に物価を引き上げ、しかも民間からより多くの税や社会保険料を徴収し、なおかつ民間に対する支出を減らしたわけです。

石橋　消費税率引き上げの主たる理由は「一部を社会保障費に充てる」ことでした。

これは細川護熙《ほそかわもりひろ》首相の「国民福祉税」構想もそうですが、「年金などの社会保障費の原資が不足しているから、消費税率を上げて補塡《ほてん》するしかない」という理屈です。

これで、当時の厚生省は財務（大蔵）省に頭が上がらなくなります。

厚生省が所管する社会保障費の一部を税金で補塡してもらうのですから、厚生省は弱い立場になってしまいます。

橋本龍太郎さんの行革により、中央省庁は二〇〇一年一月に一府二二省庁から一府一二省庁に再編されました。厚生省も労働省と統合され、厚生労働省となりました。

それにしても、厚労省は巨大すぎます。

年金、医療、雇用保険など社会保険方式のファンドをいくつも所管して、それぞれが一般会計に匹敵する規模です。

そのファンドには様々な業界団体がぶら下がり、甘い汁を求めて政治家も群がります。

これらのファンドは特別会計なので、かつての厚生省は大きな力を持っていました。一般会計のお世話にならないので、大蔵省が強く出ることができなかった。

ところが、少子高齢化により年金・医療財源は逼迫《ひっぱく》し、一般会計から税金を流し込む枠組みが少しずつ拡大していきました。

そして、二〇〇四年の年金法改正により、基礎年金の国庫負担割合は二分の一になりました。

半分を税金で賄うようでは社会保障方式とはいえません。
社会保障費は、一般会計歳出の三割を超えます。これに伴い、厚労省に対する財務省の力は増大していったのです。

田村　財務省としては、厚労省を傘下に置くために消費税率の引き上げを利用したことになります。

石橋　橋本さんは「厚生族のドン」でした。
その橋本さんが、厚生省が財務（大蔵）省に頭が上がらなくなるきっかけをつくったというのは皮肉な話です。
バブル崩壊後、細川さんの非自民連立政権、自社さ連立政権など、政界では混迷が続きました。
その混乱に乗じて、ますます力をつけたのが財務省であり、「省是」である増税に邁進して、経済は低迷し、「失われた三〇年」の元凶になったのではないでしょうか。

田村　財務（大蔵）省に言われるままに三点セットを実行した橋本さんは、同時に新自由主義[*12]をいっぺんに日本に導入しようともしました。金融ビッグバン[*13]や行財政改革[*14]と、いろいろやりました。

石橋　中央省庁が再編されたのは、森喜朗内閣だった二〇〇一年ですが、制度設計をしたのは橋本内閣です。

何のために中央省庁を再編したのか、正直に言ってさっぱりわかりません。中曽根康弘《なかそねやすひろ》首相による国鉄分割民営化などの行政改革は、多くの国民に支持されました。その残像もあり、肥大化した中央省庁にメスを入れれば、国民の受けがよいと思ったのかもしれませんが、官僚の言いなりになったため、より省庁は肥大化してしまった。政治家が省庁をコントロールすることもできなくなった。

田村 そうですね。何にメスを入れたのか、わからない。

石橋 建設省と運輸省を一緒にして国土交通省（国交省）にしたのは、まだ理解できます。両省とも、日本のインフラ整備を担い、様々な縦割り行政のひずみが生じていたからです。

しかし、自治省と郵政省、総務庁、総理府の一部を統合した総務省などは何のために統合したのか、さっぱり意味がわかりません。統合から二〇年以上を経たいまも省内はバラバラです。歴代の総務相にも自らの所管事項をすべて把握していた人はほとんどいないのではないでしょうか。

逆に官僚からすれば、自分たちの仕事に政治介入させないというメリットがあったかもしれません。閣僚ポストが減れば、政治家が介入する余地も減るわけですから。

ただひとつ、中央省庁改編で割りを食った役所があります。大蔵省です。財務省に名称変更される屈辱を味わったうえに、銀行局や証券局などが金融庁として分離独立されてしまったからです。

まあ、当時の大蔵省は不祥事を次々に起こし、批判の的になっていたので、身から出た錆とも言えますが……。

田村　「ノーパンしゃぶしゃぶ事件」[*15]ですね（笑）。大手銀行のＭＯＦ担（大蔵省折衝担当者）が、若い女性が下着なしで接客してしゃぶしゃぶを食べさせる店で、財務（大蔵）省官僚を接待していた汚職事件でした。一一二人の大蔵省官僚が処分を受けています。橋本内閣時代の一九九八年に発覚した事件です。

あのような事件もあったので、メスを入れるという議論がもてはやされたとも言えます。メディアも、「小さな政府にしろ」[*16]と書き立てました。経済が低迷しているのも政府が大きすぎるのが原因だ、というわけです。

石橋　小さな政府といっても、省庁を統合しただけで、廃止はしていません。官僚の数を減らしたわけではありません。

閣僚の数を減らして、政治介入の余地を小さくしたにすぎません。官僚が力を持って幅を利かせるだけのことです。

だから財務（大蔵）省だけでなく、いろいろな省庁のスキャンダルが表に出てきます。

中央省庁再編を裏でコントロールしたのが、事務の内閣官房副長官だった古川貞二郎《ふるかわていじろう》さん（故人）です。厚生事務次官を経て、村山富市内閣で事務の官房副長官に就任し、小泉純一郎内閣の途中まで、三一三三日間も「官僚のトップ」として君臨していました。

非常に温厚な物腰で、メディアにもシンパは多かったのですが、私は当時から「怪しい」と思っていました。

省庁再編で誕生する内閣府に、男女共同参画室などリベラルなセクションを次々につくったのは古川さんです。靖國神社の代替施設をつくろうとしたり、女系天皇を認める皇室典範改正を主導したのも古川さんでした。

田村　いろいろやっています。

石橋　官僚至上主義かつ戦後民主主義丸出しのリベラルな思想の持ち主でした。

ですから小泉内閣で官房副長官だった安倍さんは古川さんの動きを強く警戒していました。首相官邸と内閣官房は事務の官房副長官抜きでは機能しません。第二次以降の安倍政権が長く続いたのは、警察庁出身の[*17]杉田和博《すぎた かずひろ》さんが事務の官房副長官を務めたことも大きい。安倍さんと杉田さんは強い信頼関係で結ばれていました。

＊12　新自由主義
国家による介入を最小限にし、大幅な規制緩和と競争を優先する市場原理主義を重視することで経済成長を目指す経済思想。

＊13　金融ビッグバン
日本の金融・証券市場制度の大改革で、金融市場の規制を撤廃・緩和して、市場の活性化と

国際化を目指した。一九九六年一一月に第二次橋本龍太郎内閣が提唱。

＊14　行財政改革

行政や財政などの制度や組織を改めること。橋本龍太郎内閣としての行財政改革で有名なのは、一府二一の中央省庁を一府一二省庁に再編する方針を打ち出したことだった。

＊15　ノーパンしゃぶしゃぶ事件

銀行が財務（大蔵）省の官僚を接待する際に、ミニスカートの下がノーパンの女性が接客するしゃぶしゃぶ料理店を頻繁に利用していた。大蔵省接待汚職事件として、一九九八年に発覚。官僚七人の執行猶予付きの有罪判決が確定している。当時の三塚博《みつづかひろし》蔵相と松下康雄《まつしたやすお》日銀総裁が引責辞任し、二〇〇一年の中央省庁再編による大蔵省解体――財政・金融機関の分離（財金分離）が進められ、大蔵省の事務は財務省と金融庁に引き継がれた――のひとつの要因となったといわれている。

＊16　小さな政府

経済活動における政府の介入を減らし、市場原理による自由な競争を促す思想・政策。

＊17　杉田和博

元警察官僚。内閣官房内閣情報調査室長、内閣情報館などを務めたあと、第二次安倍内閣で内閣官房副長官に就任。二〇二一年一〇月に退任するが、官房副長官の在職日数は歴代最長の三二〇五日間。

●規制緩和

田村　中央省庁再編で通商産業省から経済産業省（経産省）となって、経産省が新自由主義路線を強めていくのも省庁再編以降です。

再編によって、官僚の力が強くなったからです。

石橋　産業政策ではなくて、規制は全部を取り払うみたいな方向に突き進んでいきました。

この路線により、経産省は中央省庁で「浮いた存在」になりました。

田村　平成バブル崩壊後、経産官僚が新自由主義に傾きました。経産省の次官コースは産業政策局長上がりというのですが、懇意にしていた某幹部が「最早産業政策なんで古い。すべては市場原理に委ねるべきだ」と言い出したのが一九九五年くらいです。それにマスコミも乗せられていきます。

日経に研究機関の日経研究センターという組織があって、私も出入りしていました。

そこの理事長に、優秀な経産省官僚だった金森久雄《かなもりひさお》さんとか、経済学者の香西泰《こうさいゆたか》さんといった大物がいました。

一九八〇年代に日経研究センターのトップだった金森さんは積極財政を評価できる人でしたが、金森さんを継いだ香西さんは完全な新自由主義者です。バブル崩壊のあたりから、日経研究センターの経済に関する考え方が変わった気がします。「財政主導ではなく民間主導だ」となります。それで、規制の緩和や撤廃を強く主張しはじめました。

英語の「deregulation」を、なぜか日本では「規制緩和」と訳しています。本来の意味は、「規制撤廃」だと、香西さんがよく言っていました。

財政出動無用、規制撤廃というのは、財務省の思うつぼです。

石橋　小泉純一郎内閣の経済財政政策担当大臣として新資本主義路線を推し進めた竹中平蔵さんも、熱心だったのは財政・金融政策ではなく、金融機関の不良債権問題や規制緩和でした。

田村　竹中さんは、米国の新資本主義に合わせてやっていればよい、というだけの人です。

小泉さんがやった郵政民営化にしても、米国の資本が巨大な郵貯を手に入れるために、米国が裏で動いていました。その罠《わな》に、小泉さんと竹中さんが嵌《は》まってしまったわけです。

石橋　郵政民営化の法案化を主導したのは、経済財政政策担当大臣だった竹中さんの補佐官だった財務省出身の髙橋洋一さんです。第一章で触れたように、東大理学部数学科卒という変わり種で、統計学の権威でもあります。

当時から髙橋さんは記者の間でも有名で「頭がよすぎて財務省ですら持てあましている人だ」と言われていました。

現在、髙橋さんはリフレ派の理論的支柱となっています。

田村　髙橋さんは、米国に留学したときにベン・バーナンキ[*18]に師事しています。

バーナンキは連邦準備制度理事会（ＦＲＢ）議長を務め、ノーベル経済学賞も受賞している経済学者で、リフレ派の中心人物です。

石橋　財務官僚はリフレ派を蛇蝎《だかつ》のごとく嫌っています。

自民党にリフレ派議員が台頭していることに愚痴をこぼす財務官僚も少なくありませんが、「裏で知恵をつけているのは、髙橋洋一さんと本田悦朗さんですよ。どちらも財務官僚じゃないですか」と言うと黙っちゃいます。

田村　ふたりとも財務省の手の内をすべて知っているので、財務省も相当やりにくかったでしょうね。

石橋　髙橋さんは、第一次安倍政権ではそれほど影響力を持っていませんでしたが、第二次以降の安倍政権と、これに続く菅義偉政権では大きな力を発揮します。

田村　安倍さんが、経済財政、金融を勉強して本気で考えていましたから、髙橋さんが活躍する場面も多かったと思います。安倍さんは何かあるとよく髙橋さんに電話して、アドバイスを求めていたようです。

石橋　髙橋さんは安倍内閣では内閣官房参与でした。

内閣官房参与は日当制で、決して厚遇されたとは言えないのですが、安倍さんや菅さんにとっては欠かせない存在でした。

豊臣秀吉の御伽衆《おとぎしゅう》[*19]みたいな存在だと言えばわかりやすいかもしれません。財務など各省庁の官僚が安倍さんのところに「ご説明」に来ると、あとでこっそり髙橋さんを呼び、「この案件にはどういう狙いがあるのか」と訊いていました。髙橋さんは博覧強記ですからスラスラと教えてくれます。

補正予算を組むとき、財務官僚が「この規模の補正予算が精一杯です」と説明しても、髙橋さんは「この埋蔵金を充当すれば、このくらいの補正予算は組めます」と入れ知恵してくれるわけです。

だからごまかしが利かない。

財務官僚は髙橋さんの存在に相当イラついていたようです。

田村　財務省の言いなりにならない安倍政権に財務省は逆らいます。それで、安倍攻撃をいろいろ工作する。

石橋　なおさら安倍さんも怒るわけです。

ただ首相だったときは、安倍さんも財務省との露骨な対立は避けていました。

財務官僚もある程度は従順でした。首相の権限は絶大ですからね。

安倍さんと二人三脚で政権を運営してきた菅義偉さんが首相のときまでは財務省はまだ大人しかった。

ところが、岸田文雄さんが首相になったとたんに豹変するわけです。安倍さんが怒るのは当然だと思いますよ。

もし、読売が、首相在任中の安倍さんに『回顧録』の取材をしていたら、あそこまで財務省を批判しなかったでしょうね。
『回顧録』がベストセラーになったことは財務省にとってショックだったと思います。だからこそ、齋藤次郎さんが『文藝春秋　二〇二三年五月号』に「『安倍晋三 回顧録』に反論する」を寄稿したんでしょう。

田村　狸《たぬき》が燻《いぶ》り出されて、穴から飛びだしてきたみたい。

石橋　まさに〝ラスボス〟という感じですね（笑）。
齋藤さんは「失われた三〇年」の政治史の節目節目で登場し、消費増税を仕掛けてきた人物です。財務省がこの三〇年間で何も変わっておらず、何も反省していないことを示しています。

＊18　ベン・バーナンキ
米国の経済学者。二〇〇六年二月に、第二次世界大戦後生まれでは初のＦＲＢ議長に就任。ＦＲＢによる通貨の供給不足が一九三〇年代の世界恐慌の原因だとするミルトン・フリードマン教授の学説の信奉者。

＊19　御伽衆
室町時代から江戸時代初期にかけて、将軍や大名のそば近くに控えて、雑談などに応じた人たち。

第三章

財務省の〝真の事務次官〟

●財務省が得意満面だった時期

石橋　一九九〇年代、バブルが崩壊して、本来ならば財務（大蔵）省が力を発揮して経済を建て直すチャンスだったのに、逆に財務省のダメさが浮き彫りになった感じがあります。

田村　財務（大蔵）省が得意満面だったのは、プラザ合意[*1]まででした。

米国の貿易赤字解消を目的としたドル高是正を決めたのがプラザ合意です。

一九八五年九月二二日に、ニューヨークのプラザホテルで行われた、先進五ヶ国（＝日本・米国・英国・ドイツ・フランス。Ｇ５：Group of Five）の蔵相と中央銀行総裁が集まった会議です。日本側では、当時の財務官だった大場《おおば》智満《ともみつ》さんが、裏舞台を張り切って仕切っていました。

石橋　日本側としては、米国を助けてやった、という意識が強かったのではないでしょうか。

田村　そうですね。レーガン政権の米国は「強いドル」を追い求めすぎました。その結果「ドル高」となり、大幅な貿易赤字を招くことになります。

また、レーガン政権は旧ソ連を「悪の帝国」と呼び、スターウォーズと呼ばれる戦略防衛構想（Strategic Defense Initiative：ＳＤＩ）を掲げ、軍拡競争を挑み、軍事予算が膨張します。

ＳＤＩは衛星軌道上にミサイル衛星やレーザー衛星、早期警戒衛星などを配備、それらと地上の迎撃システムが連携して敵国の大陸間弾道弾を各飛翔段階で迎撃、撃墜し、米本土への被害を最小限に留めることを目的にしたものです。

当然、財政赤字は膨らみました。いわゆる財政赤字と貿易赤字の双子の赤字[*2]です。米国の経済が落ち込むと、世界経済に悪影響を及ぼすという日米欧の間で利害の一致があり、ドル高是正にＧ５が動くことになります。

Ｇ５が協力してドル安に誘導する。それにより、米国製品の輸出を増やして経済を救う。その中心にいたのが、日本でした。

プラザ合意を主導したベーカー財務長官は副大統領のジョージ・Ｈ・Ｗ・ブッシュとテキサス時代からの盟友です。

一九八八年の大統領選挙に出馬するブッシュを勝たせるためには経済状態を良好に保つ必要がありました。

四年に一度、一一月に行われる大統領選挙の数ヶ月前の経済の状態がよくないと、現職が不利になるといわれます。ブッシュは現職ではないものの、副大統領ですからやはり有権者からは現職並みに見られるでしょう。

第一次レーガン政権で大統領首席補佐官だったベーカーが、第二次レーガン政権で財務長官に就任したのはブッシュ当選に向け、経済条件を整備するためでもあったのです。

加えてベーカー長官は、自動車やハイテクなど日本勢に押されっぱなしの米産業界の支持を得る必要がありました。

シリコンバレーの半導体メーカーなどハイテク経営者は日本との競争で劣勢にあり、レーガン政権には政府のハイテク補助など産業政策を求めていましたが、小さな政府主義者で、自由貿易主義者のレーガンは頑として応じません。

そこでベーカー長官はドル安に持っていくことで対日競争力を一挙に挽回させ、産業界の支持を得ようとしたのです。

米財務省のカウンターパートである日本の財務（大蔵）省は、それまで頭の上がらなかった米国を助けることになるので、米国と対等になったような意識になっていたと思います。

大場さんも米財務省の高官に対しても臆することがなく、「通貨マフィア」とかメディアに称され、威風堂々としていました。

石橋　それは勘違いだったのではないですか。

田村　勘違いというか、自国通貨を強くすることがよいことだと思っているわけです。ドル高を是正すれば、当然、円高になります。

プラザ合意は、G5が一斉に大がかりな為替市場への介入を行うという発表でした。そもそもG5蔵相・中央銀行総裁会議は秘密裏に開かれるのが恒例だったのに、それをオープンにした。

しかも、それまでは「為替は市場に任せる」とばかり言ってきた米財務省をはじめ、先進五ヶ国（G5）が足並みそろえて市場介入まで宣告するわけです。

衝撃を受けた市場が動くのは当然で、まさに恣意《しい》的な市場操作です。

その反動で、日本は急速な円高に向かいます。それによって日本経済が被るダメージは、かなり大きかったわけです。

そこを考えないで、米国にずけずけとモノが言える、円がドルに対して強くなることは日本の国際的地位の向上になると、財務（大蔵）省は得意になっていたのです。

日本の金融界も強い円を武器に米金融市場で存在感を高められるので、大手の銀行や生命保険会社も活気づきました。


石橋　円高になって、日本の国際的な発言力は強まりました。少なくともそう思えました。

それから財務（大蔵）省の勘違いが始まったのだと思います。

いまも財務官僚の根っこには「円高＝是」という思いがあります。

円高になれば、見かけ上、日本は「金持ち国家」になるので、国際通貨基金（ＩＭＦ）[*3]など国際機関での日本の発言力は強まります。

日本の金融機関も市場で偉そうに振る舞えます。その金融機関を支配下に置いているのが財務省ですから、自分の手柄となり、金融機関への支配力も強まるわけです。

田村　たしかに、大場さんはもとより、ワシントン駐在の財務（大蔵）省出身の公使の内海《うつみ》孚《まこと》さんらは米側から頼られます。
大蔵省派遣の公使は日本大使館の中でも独立した存在で、外務省はもとより、経済産業（通商産業）省ら他省庁から送り込まれている幹部とは日常業務で別行動です。

内海さんらの情報が知りたいというわけで、ニューヨークの大手銀行駐在員もワシントンに頻繁《ひんぱん》に来ます。

プラザ合意のときに国際金融局長としてプラザ合意に関わったのが行天豊雄《ぎょうてんとよお》さんで、そのあとに財務官を務めます。

豪放磊落《ごうほうらいらく》な大場さんに比べ、行天さんは控えめな学究肌だったけれど、やはり通貨マフィアの風格を漂わせていました。

米側も連邦準備制度理事会（ＦＲＢ）のボルカー議長のように、ドル安進行に危機感を抱く要人もおり、日本との対話を重視していました。

米国が世界の覇権国である根拠は圧倒的な軍事力に加え、ドルが基軸通貨であることなのですが、そのドルをわざわざ安くして円を高くするのです。

ドル安が急激であれば、米国債や株式が売られ、ニューヨーク金融市場が不安定になります。当然、強い米国なんて言っていられなくなるリスクがある。

そのときはドルの安定に向けて日本が手を差し伸べる、その役割を担うのが大蔵省国際金融局であり、財務官ということになります。

石橋　あの成功体験は大きかったと思います。
円高になれば自分たちは偉そうにできる。あの成功体験を、いまなお財務省は引きずっているのでしょう。

田村　プラザ合意以降、日本は謂《い》わば主役でした。ドイツ（当時は西ドイツ）は腰が半分引けていましたけれど、日本は米国にベッタリだったからです。

プラザ合意で各国の協調介入が決まり、ドル高はたちまち解消していきます。そして急速なドル安へと向かいますが、これに焦りはじめるのが当時のポール・ボルカーFRB議長です。

ボルカーは根っからのインフレファイターです。一九七九年八月のFRB議長就任後二ヶ月目に市場への資金供給量を絞って、市場金利の大幅な高騰を演出します。

当時、米国はイランのホメイニ革命[*4]を受けた第二次石油危機[*5]のあおりで、消費者物価上昇率、市場金利ともふた桁台でした。

その影響からか、一九八〇年の大統領選挙でカーター大統領は敗れ、レーガン政権が発足しました。

新政権発足直後の一九八一年一月には市場金利が一九パーセント台まで上昇し、米景気もどん底です。しかし、高金利のためにドル高が進展すると同時に、インフレ率も急速に下がっていきます。

レーガンは「強いドル」を歓迎するので、ボルカー議長も高金利政策をやりやすかったのでしょう。とうとう高インフレを収束させました。

そして一九八六年二月、米景気を気にするベーカー財務長官はＦＲＢ副議長に送り込んだ腹心のジョンソンを中心にＦＲＢ理事を動かして、理事会多数決で利下げを決めさせます。

しかし、インフレを警戒するボルカーＦＲＢ議長はプラザ合意には同意したものの、米国単独での利下げはさらなるドル安を呼び込み、インフレ懸念を生じさせる恐れがあると、猛反対です。

石橋　金利の上げ下げは中央銀行であるＦＲＢの権限のはずですが、ベーカー派に占められていたのでは財務省の意のままになってしまう。

田村　議長としては立つ瀬がない。怒ったボルカーは辞意を固めます。

これには、ベーカーも慌てました。

インフレファイターとしてカリスマ性を確立しているボルカー議長との不和が表面化すれば、株式など金融市場が動揺するからです。ドル不安に陥る可能性もある。

そうすると、景気に悪影響が出ます。市場が混乱すれば利下げ効果は台無しになりかねません。

肝心のブッシュ大統領実現が危うくなる。

石橋　自分を蔑《ないがし》ろにして利下げを決められて、ボルカーとしても簡単に引き下がるわけにはいかないはずです。

田村　当時、私は日経のワシントン特派員として、ＦＲＢの奥の院にまで入り込んでいましたから、その緊迫した状況を間近で取材していました。
　ベーカーとボルカーの〝手打ち〟のカギになったのが、じつは日銀の利下げでした。ボルカーは、米単独での利下げはドル安を昂進《こうしん》させる恐れがあるけれど、日欧が同調して利下げを行えば、ドル安は起きないと考えていました。
　それができれば、ボルカーも納得するはずでした。
石橋　米国だけ利下げすれば、日欧との金利差が開くことで、マネーは金利の高い日欧に流れて、ドル安はますます進んでしまいます。
　しかし同調して利下げをやれば、金利差が開かないので、マネーが大きく動かない。つまり、ドル安は最小限に抑えられる。
田村　ところが欧州、とくに西ドイツ連邦銀行は強硬に協調利下げを拒否します。
石橋　そのままではボルカーも納得せず、ベーカーとボルカーの対立が表面化して、米国産業界もたいへんな混乱に陥ります。そうなっていれば、ブッシュ大統領の誕生もなかったかもしれません。
田村　そういう米国の危機的な状況を救ったのが、日銀でした。米国への従順さを発揮して、協調利下げに応じます。
　その日銀を動かしたのは財務（大蔵）省で、ワシントンの日本大使館内海孚公使が裏で動いていました。

ベーカー側近のジョンソンFRB副議長と連絡を取り合いながら、米側の意向を東京の大蔵省につないだのです。

じつは私自身もジョンソン副議長とはオフレコで頻繁に会っており、日銀への利下げ同調圧力が強いことはわかっていました。

しかし、日銀の職員はワシントンに駐在しておらず、ニューヨーク駐在代表の南原晃《なんばらあきら》さんがFRB本部に時折来る程度です。

南原さんたちは恐らく、よもやFRBと大蔵省の間で、日銀利下げの策謀があるとは気付いていなかったのだろうと思います。

日銀は〝財務省日本橋本石町支店〟と揶揄《やゆ》されるくらい財務（大蔵）省に頭の上がらない立場で、公定歩合[*6]の決定は日銀の権限のはずですが、実質的な権限を握っていたのは大蔵省銀行局の銀行課長なのです。

その大蔵省は米国に従うのですから、内海さん経由で米国の協調利下げの意向が伝えられれば、大人しく従うわけです。

石橋　日銀は、それを黙って受け入れたのですか。
もっとも、抵抗しようにも、当時の日銀の立場では無理かもしれませんが……。

田村　当時の日銀のニューヨーク駐在代表の南原晃さんは、東京帝国大学で総長を務めた南原《なんばら》繁《しげる》さんの次男です。東大野球部のキャプテンを務めたことがあり、人の面倒見がよく快活で、持論を早口でまくしたてるタイプです。

恐らく、南原さんは日銀本店の意向通り、ＦＲＢ幹部と会って利下げをほのめかされても突っぱねていたのだろうと思います。

だから私はＦＲＢ幹部からいろいろと聞き出しても、南原さんら日銀のスタッフとはコンタクトする気が起きませんでした。もし私の口から取材情報が日銀に漏れたら、ＦＲＢ幹部は私を信用しなくなると恐れたからです。

この点は内海さんとも同じで、ワシントン時代に内海さんと会っても仕事の話は一切しませんでした。

ただし、米国側は日銀の動きをしっかりマークしていました。

少しでも日銀に利上げの動きがあると、私がＦＲＢに呼ばれる。ジョンソン副議長とも親しくしていたので、すぐに呼ばれて、「ミスター・タムラ、この日銀の動きはおかしいと思わないか？」と大量の資料をデスクの上に広げて、私に説明するわけです。

『日経』に日銀批判みたいな記事を書かせて、牽制《けんせい》するつもりだったのだと思います。

もちろん、その前に日本の財務（大蔵）省には圧力をかけています。協調利下げも呑ませているわけです。

石橋　日銀の知らないところで、日米の協調利下げは決められていた。

財務（大蔵）省も米国も日銀を軽く見ていたことになります。

田村　ＦＲＢで直接取材しているので、私は事前に日米協調利下げが行われることを察知していました。

ただ、私が米利下げに合わせて日銀もそうすることになると、東京の経済部デスクや日銀担当記者に連絡して取材させても、「日銀幹部はそんなはずはないと全面否定です」との返事で、記事にしようとはしないのです。

とはいえ結果はワシントン情報通り、日米協調利下げになりました。

石橋　確認しようにも、日銀は知らない。日経本社も、米国と日本の財務（大蔵）省、日銀の関係を理解していなかったことになります。

田村　当時の日米間の金融政策調整は、日銀抜きで、裏で進められていたのです。

＊1　プラザ合意

一九八五年九月二二日、先進五ヶ国（G5＝日・米・英・独・仏）の財務大臣と中央銀行総裁間で得られた、過度なドル高を是正するために為替市場に協調介入するという合意。ニューヨークのプラザホテルが会議の会場になったことから、この名で呼ばれている。

＊2　双子の赤字

一九八〇年代の米国において財政収支と貿易収支のふたつともが赤字になっていた状態。

＊3　国際通貨基金（IMF）
一九四四年のブレトン・ウッズ会議で創立が決定された国際機関。加盟国の為替政策の監視、国際収支が著しく悪化した加盟国に融資を実施することなどがおもな役割。
＊4　ホメイニ革命
一九七九年に起きたイラン革命のこと。亡命中のホメイニを精神的指導者とするイスラム教シーア派が、パフレヴィー朝の独裁を打倒。亡命先から戻ったホメイニが最高指導者となり「イラン・イスラム共和国」を樹立。
＊5　第二次石油危機
一九七八年末からのイラン革命につながる政変によって、イランからの石油輸出が全面禁止されたのをきっかけに、OPEC（石油輸出国機構）諸国が原油価格を引き上げた。この影響は日本にも及び、石油製品が高騰し、物価高につながった。影響は、一九八三年三月ごろまで続いた。
＊6　公定歩合の決定
中央銀行が市中銀行に資金を貸し出すときの金利が公定歩合。これが、市中銀行が企業や個人への融資を行う際の貸出金利や預金金利に大きな影響を及ぼす。その決定権は、日本の場合は日銀にある。

●日銀総裁人事でも財務省の掟

石橋　第二章で、二〇一二年暮れに首相に返り咲いた安倍さんは当初、元財務事務次官の勝栄《かつえい》二郎《じろう》さんを日銀副総裁にしようと考えていたという話をしました。

財務省は、勝さんの先輩である元財務事務次官で日銀副総裁だった武藤敏郎《むとうとしろう》さんを日銀総裁にしようとしていましたが、後輩の勝さんが副総裁になれば、武藤さんの日銀総裁の芽は消えます。

だから勝さんは副総裁の話を断った。無碍《むげ》に断ったことで、安倍さんと勝さんの関係は決定的に悪化しました。

田村　財務省と日銀の関係について田村さんの話を聞いていて、なぜ、財務省が武藤さんを総裁にしようとこだわっていたのか、再認識しました。

日銀出身の白川方明《しらかわまさあき》さんが日銀総裁に就任したのは二〇〇八年四月九日でしたが、このときも財務省は武藤さんを日銀総裁にすることにこだわりました。当時、武藤さんは日銀副総裁でした。

石橋　当時は福田康夫政権で、参院が自公で過半数に満たない衆参ねじれ国会になっていました。

日銀総裁など国会同意人事には、衆院の優越規定はないので、参院で否決されたら人事案は宙に浮きます。

福田さんは前年の一一月、民主党代表だった小沢一郎さんの求めに応じて、自民党と民主党の大連立に動きます。

当時はテロとの戦いの支援で、インド洋に海上自衛隊の艦艇を派遣していましたが、一一月一日にテロ特別措置法*7が期限切れとなり、日米同盟に亀裂が生じかねない状態でした。

これで翌年の日銀総裁人事まで宙に浮けば、日本の国際信用力は地に堕ちてしまう。

そう考えた福田さんは、小沢さんの意向を丸呑みする形で大連立に合意しますが、今度は民主党内が紛糾し、小沢さんは自ら持ちかけた大連立合意を反故《ほご》にしてしまいます。

ここから小沢さんはなりふり構わず、福田政権を揺さぶる戦術に転じます。

福田さんは、「武藤総裁・白川副総裁」という日銀人事案を国会に提示しましたが、小沢さんはＮＯを突きつけました。

福田さんは密かに小沢さんから武藤総裁の内諾を得ていたのに裏切られた形となりました。やむなく自民党は、民主党が要求してきた「白川総裁」案に応じ、何とか人事案の国会同意を得ました。

田村　さらに、福田首相は副総裁に前財務官の渡邉博史一橋大学大学院教授を指名しましたが、民主党の反対で国会不同意となりました。

小沢さんにしてみれば、「ねじれ現象」を政局に利用したかったのでしょうが、彼の手にかかると日銀総裁人事なんて軽いものです。

石橋　日米同盟や日銀人事さえ揺さぶりの材料に平気で使う。小沢さんの非人間性を物語っています。

民主党は二〇〇九年九月に政権交代を果たしますが、自ら推した白川総裁の金融政策により、超円高のデフレ不況に苦しむことになります。因果応報です。

このように日銀総裁の人事で武藤さんは二度もミソをつけてしまい、不幸な人だったと思います。

だから、森喜朗さんは〝お詫び〟の気持ちもあって二〇一四年、東京オリンピック・パラリンピック競技大会組織委員会の事務総長に武藤さんを就任させたのです。

ただ武藤さんでなければ、あの新型コロナウイルス禍中での東京五輪を実現できなかったかもしれません。

田村　それでも、武藤日銀総裁実現に対する財務省の執着ぶりは、かなりのものでした。武藤さんだったからかもしれない。

石橋　武藤さんは「大物次官」と言われるだけあって能吏です。人脈も広く柔軟性もある。日銀総裁になっても辣腕《らつわん》を振るう可能性は十分ありました。

安倍さんが武藤さんの日銀総裁を強く拒否したのも、武藤さんの能力を疑ったからではありません。日銀生え抜きの福井俊彦総裁を白川さんとともに副総裁として支えたからです。

その経歴だけで国際金融市場はアベノミクスにNOを突きつけた可能性は十分ありました。武藤さんは不幸だったと思いますが、安倍さんの判断は正しかったと思います。

じつは財務省には〝真の事務次官〟と〝偽の事務次官〟がいます。真の次官は数代にひとりしかいません。

齋藤次郎《さいとうじろう》さんや武藤敏郎さん、勝栄二郎さん、香川俊介《かがわしゅんすけ》さん、岡本薫明《おかもとしげあき》さんらは真の次官です。現在の茶谷栄治《ちゃたにえいじ》さんも真の次官です。

真の次官となる人は、真の次官が在任中に秘書課長を務めていることが多いのが特徴です。財務省の部署名は特殊で、秘書課と名乗っていますが、人事を扱うセクションです。文書課は、他省庁の官房総務課にあたり、国会対応を手がけます。部署名と業務が必ずしも一致しないのです。

真の次官は在任中に、その後数年分の人事の大枠を決めてしまいます。これにはOBの天下りポストも含まれます。

秘書課長は真の次官の指示のもとにステンドグラスのような人事案を固め、これが次の真の次官が登場するまで引き継がれるのです。偽の次官ができるのは、微修正の人事だけです。

こんなことをやっているのは、数多《あまた》ある省庁のなかでも財務省だけでしょう。

だから、官邸の人事介入を極端に嫌うのです。せっかくつくったステンドグラスがバラバラに崩れてしまうからです。

ですから、真の次官の天下り先について財務省は絶対に譲れない。

これを聞くと、財務省が武藤さんの日銀総裁就任について異様なほど固執した理由がわかるのではないですか。

田村　財務省という組織の存在理由は国家を支えるためでなく、自らの掟《おきて》を優先するためなのでしょう。エゴイズムそのものです。

石橋　二〇一八年に事務次官の福田淳一《ふくだじゅんいち》さんが、女性記者に対してセクハラをはたらいたと報じられました。財務相の麻生太郎さんはすぐに訓戒処分を出し、福田さんは依願退官しました。

真の次官であれば、財務省は省を挙げて必死に守っていたはずです。こんなにあっさり決まったのは福田さんが偽の次官だったからでしょうね。

当時は森友学園への国有地売却をめぐり、近畿財務局の文書が改竄《かいざん》された問題で財務省は激震が続いていました。

このため、財務省は福田さんが退任後、事務次官をおかず、しばらくは官房長だった矢野康治さんが事務代理を務めました。

この年の夏には、真の次官である岡本薫明さんが事務次官に就任する予定でしたが、安倍さんと麻生さんは「このゴタゴタで岡本さんが潰されるかもしれない」と考え、ワンポイントリリーフで偽の次官を間に挟もうと考えました。

すると財務省は自ら、偽の次官候補の不祥事を流してこの人事案を潰し、元々の予定通り二

○一八年七月に岡本さんが事務次官に就任しました。

財務省は、真の次官については就任・退任のタイムスケジュールさえ絶対に譲れないのです。ある意味、凄い組織ですね。

＊7　テロ特別措置法
二〇〇一年九月一一日に起きた米同時多発テロに対応して、日本が国際的なテロ対策に主体的に寄与する目的で、二〇〇一年一〇月一六日に成立した法律。当初は二年間有効の時限立法だったが、延長を繰り返している。

●植田和男日銀総裁就任に財務省は逆らわなかった

田村　二〇二三年四月に、植田和男《うえだかずお》さんが、黒田東彦《くろだはるひこ》さんの後任として日銀総裁に就任しました。戦後初の経済学界出身の総裁です。

このときも、元財務省次官の岡本薫明さんの名前が挙がっていました。石橋さんのおっしゃるように、岡本さんも真の事務次官ですから、財務省がもっと推してもよかったはずです。

石橋　首相の岸田文雄さんは二〇二二年三月、日銀審議委員に財務省べったりの高田創《たかたはじめ》さんを押し込む同意人事を提出し、安倍さんらを怒らせました。

参院幹事長の世耕弘成《せこうひろしげ》さんらリフレ派の自民党議員は、岸田さんがアベノミクスを踏みにじるような日銀総裁人事をやらないように、様々な牽制《けんせい》を続けていました。

つまり、次の日銀総裁は、日銀から出しても、財務省から出しても、国会で集中砲火を浴びかねない。それはすぐに市場に跳ね返ります。

加えて、「異次元の金融緩和」の出口戦略を練らねばならない。

財務省も、無理に日銀総裁のポストを奪ってもメリットがないと判断したのでしょうね。

田村　じつは、植田日銀総裁で落ち着く人事について、副総裁だった雨宮正佳《あまみやまさよし》さんの考え方が岸田さんの判断にかなり影響したと思います。

雨宮さんも、有力な総裁候補と目されていました。

日銀総裁は財務省と日銀の〝たすき掛け〟だから、財務官僚出身の黒田さんのあとは日銀出身者の番、つまり雨宮さんの総裁昇格が順当ではないか、という読みがメディアでは一般的でした。

現に、『日経』は二月七日付朝刊一面で、〈政府、雨宮氏に総裁就任打診〉との観測記事を打ちました。

二月一〇日に「植田総裁」の速報が一斉に流れたとき、雨宮さんは、「日銀総裁はたすき掛けで、財務省主計局出身者上がりのポストだという時代ではありません。世界の中央銀行総裁はいずれも実務もわかる経済学者であり、米欧はもちろん、中国人民銀行総裁だってそうです。それこそがグローバルスタンダード」とはっきりした見解を持っていました。

「植田さんは金融経済学者の第一人者で、米金融経済学大家のフィッシャー教授の弟子。米FRB議長だったイエレンやバーナンキと対等に渡り合える学者です」と、植田新総裁大歓迎です。

この口ぶりから察しても、雨宮さんは自身が固辞する代わりに、植田さんを岸田文雄首相に推したのでしょう。

こうして、戦後初の経済学界出身の日銀総裁が誕生しました。

石橋　雨宮さんが推したのですね。

雨宮さんといえば、日銀マンとしては社交的な人で、日銀内ではプリンス的な存在でした。その彼が副総裁として黒田総裁を支え、日銀の教義に逆らうような金融緩和を長年にわたって続けてきました。

黒田総裁のあとを継いで総裁になり、さらに黒田路線を続ければ、日銀の〝背徳者〟となってしまうとでも思ったのでしょうか。

田村　雨宮さんが黒田さんと一緒になって異次元の金融緩和を続けたことは事実です。

しかし白川総裁のときには企画局長、理事として金融緩和に抵抗する白川さんを支えています。「金融政策で物価を押し上げることはできない」というのが白川さんの持論でした。

前にも述べましたが、二〇一〇年一月初め、日銀の金融緩和を白川さんに説くべきだと、当時の鳩山由紀夫首相に私は提言したことがあります。

それを受けて鳩山さんは、あの大きな目をぐるぐる回して、「そうですね」とつぶやいたのです。

それから一年後くらいに、あるパーティで鳩山さんに会う機会があったので訊いてみたら、「平野博文《ひらのひろふみ》官房長官が白川総裁にコンタクトして金融緩和を打診したのだけれど、拒否されました」と、あっさりとした返事でした。

白川さんは日銀の「独立性」を盾にとって受け付けなかったのです。そこまで、白川さんは大規模金融緩和に反対でした。その白川さんの下で従順に仕事していたのが雨宮さんです。ところが黒田総裁になると、副総裁として白川路線を全面否定する黒田総裁を支えたのです。金融政策ではデフレを直せないという白川理論に代表される日銀の教義に逆らう異次元緩和を長年にわたって支えてきたことはすでに触れました。

たすき掛け方式を堅持するなら、財務省と示し合わせて日銀総裁ポストに就いたでしょうが、様々なリスクを考慮して、あえてその道を選ばなかった……ということではないのでしょうか。

石橋　組織人は上司の指示に従うのは当たり前だと思いますが……。

真面目な人なので「変節した」などと言われるのが嫌だったのでしょうかね。

田村　金融緩和に抵抗する白川さんについては、私もずいぶん批判的な記事を『産経』などで書きました。

白川批判をすると、雨宮さんから電話があったり、ランチに誘われたりで、都度反論してきました。「ああいう記事は、おかしいじゃないですか」というわけです。

ただ、かたくなな態度ではなく、日銀はすでに米欧と遜色ないくらい緩和しているといった調子で、緩和そのものには絶対反対というわけではなかったようなニュアンスでした。

「あっ、この人は必ずしも白川理論べったりではない、かなり融通無碍なところがあるな、風向きが変わると、本人も……」という印象でしたね。

石橋　だからこそ、黒田さんが総裁になると金融緩和路線を突き進む。

田村　日銀が二〇一六年九月に導入した「長期金利操作付き・量的質的金融緩和」の枠組みのひとつが、「イールド・カーブ・コントロール（ＹＣＣ）」です。

短期金利である政策金利の誘導目標に加えて、長期金利の誘導水準を定めて、その水準になるよう国債買い入れを実施する仕組みで、謂わば長期金利の操作です。

あれを仕組んだのも雨宮さんでした。黒田さんの異次元金融緩和を日銀スタッフとして支えてきたのは、まさに雨宮さんだと私は考えています。

石橋　その「異次元の金融緩和」が批判されるようになり、黒田さんが任期を終えました。

必死で下支えしてきたのに、自分が総裁になったら、自己否定するかのように「出口戦略」を模索しなければならないのはたしかに辛いです。

かといって、いつまでも金融緩和策は続けられない。そう考えたのでしょう。

田村　雨宮さんが総裁に就任しても、金融緩和を続けてきた結果を示せなければ、ただ批判されるだけの立場になってしまいます。その可能性が高い。

昨年（二〇二二年）末以来、日銀の異次元金融緩和政策は大幅な修正に踏み切るべきかどうか、大きな転機にさしかかっています。

黒田緩和を支えてきた日銀生え抜きの雨宮さんが総裁になって、金融政策の正常化に失敗して経済が大混乱に陥ったとき、当然のように日銀の信頼性に大きく傷がつきます。

それを雨宮さんは、本音としてわかっていたのではないでしょうか。雨宮さんは火中の栗を拾わず、植田さんに任せたようにも見えます。

日銀ＯＢは、白川さんをはじめとして、こぞって金融緩和反対です。そのＯＢたちの怒りを買いたくないという心理も働くでしょう。

日銀は「通貨・物価の番人」といわれてきましたが、やはり最も気にするのは政官界や金融界での評判です。

一九九七年の新日銀法[*8]（新日本銀行法）によって悲願の政府からの自立、つまり政策手段での独立性を獲得したにもかかわらず、迷走するようであれば、政治家や財務官僚に注文をつけられ、身動きがとれなくなります。

現下、物価の安定目標達成は建前上は政府、日銀の共同義務となっていますが、日銀法を再改正されて名実ともに日銀の責任にされる恐れもあります。一方で銀行界からそっぽを向かれると、天下り先がなくなるとか、心配なのです。

石橋　日銀総裁候補に雨宮さんの名前が挙がる前に、『日経』は、総裁候補として、元日銀副総裁の中曽宏《なかそひろし》さんや、白川総裁に副総裁として支えた山口廣秀《やまぐちひろひで》さんの名を報じました。

どちらも白川さんに近い人たち、つまり金融緩和反対派です。日銀はやはり先祖返りを望んでいたのですか。

田村　黒田路線に批判が集まっていたので、金融緩和路線反対の白川派と目され、黒田総裁の一期目しか副総裁を務めていない、黒田色が薄いと見られる中曽さん、もしくは白川さんべったりの山口さん、というふうに単純に考えたのかもしれません。

いずれも福井俊彦元総裁ら日銀生え抜きの有力ＯＢから流れてきた噂ではないかと思いました。「山口総裁」ともなれば、これは完全に白川日銀の復活です。

『日経』はとにもかくにも、白川路線擁護で一貫しています。

白川総裁時代、日本経済はデフレ不況が深刻化し、超円高になって半導体産業など日本企業の国際競争力ががた落ちになったことを、『日経』は責めようともしません。

石橋　かつて日銀総裁人事で大誤報をやった『日経』なのに、黒田総裁の後継者で同じことをやってしまった。みっともない話です。

田村　二月七日付朝刊一面の飛ばし記事は、日経ＯＢの私としても、みっともなかった。

見出しは〈日銀新体制の調整大詰め　政府、雨宮氏に総裁就任打診〉で、いかにも自信なげでした。

岸田さんが雨宮さんの意向を聞いたことは間違いないでしょうが、雨宮さんが固辞し、学者を推しているとの話が私の耳にも入っていたので、『日経』を見てただちに「これは誤報だぞ、何を取材しているのか」とがく然としました。「世界の中央銀行総裁はいずれも実務もわかる経済学者であり、米欧はもちろん、中国人民銀行総裁だってそうです。それこそがグローバルスタンダード」という雨宮さんの考え方はすでに私の耳に入っていたのです。

この「経済学者」は誰なのか、もっぱらそれを探っていましたが、植田さんになるとは予想外で、特ダネを逃がした気分です。

じつは、いま石橋さんが触れた大誤報が、私が日経の日銀クラブのキャップになる因縁《いんねん》のようなものでした。

一九七九年一二月の日銀総裁人事で、一二月一七日に前川春雄《まえかわはるお》さんが総裁に選出されたのですが、当日の朝刊一面トップで『日経』だけが〈新総裁は澄田智《すみたさとし》〉とやってしまいました。他紙はすべて「前川総裁」で、『日経』だけが誤報だったわけです。

朝刊の最終締め切りは当日の午前一時すぎですが、「澄田総裁」をスクープと信じていた幹部たちは午前三時近くまで祝杯を挙げていました。

そこに、当時の竹下登蔵相とやっとコンタクトをとれた記者から緊急連絡が入ったそうです。「竹下さんは、『総裁は前川だ。輪転機を至急止めなさい』と言っている」との連絡でした。

いうまでもなく幹部たちは凍り付きますが、間に合うはずもない。新聞社としては大恥となる誤報になったわけです。

当時の日経経済部は〝経済部帝国主義〟と社内で称されるほど力を持っていました。経済部生え抜きの記者が多数を占めていて、ほかの部局から記者を受け入れることはほとんどありませんでした。

この生え抜き体質が誤報を生んだという反省で、企業相手の産業部の記者だった私がまず経済部に移動させられ、二年後に日銀キャップに指名されたわけです。

産業部時代にはハイテク、エネルギー産業を徹底的に取材し、いずれニューヨーク特派員になる心積もりだった私にとっては心外でしたが、上司から「マクロ経済取材[*9]は、お前の将来の役に立つぞ」と説得されて、引き受けたのです。

石橋　経済部が日銀総裁人事で誤報を出すのは、政治部で言えば、首相の首班指名の直前に間違った名前を報じるようなものです。

普通なら担当記者は放逐されますね。政治部長の首も飛びます。

田村　「黒田のあとは雨宮」という印象を読者に与える記事を、植田総裁内定の数日前に掲載してしまった経済部の部長は春の人事で外されたようです。

私に相談してくれていれば、断片的な情報に基づくあやふやな観測記事を載せることはなかったはずですが、かなり前に日経を去ったＯＢには訊くわけにはいかなかったのでしょう（苦笑）。

石橋　そもそも、日銀総裁の人事情報は経済部ではとれません。人事権者は首相ですから。だからたとえ経済部が誤報を出したとしても、誤報を止められなかった政治部の責任も大きいです。

田村　公定歩合とか、重要なことについても同じです。日銀キャップをやっているときに、公定歩合について日銀内部で取材してもラチが明かない。決めているのは、財務（大蔵）省銀行局の課長だからです。日銀には権限がありません。だから、いくら日銀総裁を問い詰めたところで答えられるわけがない。ましてや、日銀の企画担当理事や局長に取材したところで、明確な情報は出てきません。大蔵省記者クラブ、「財政研究会（財研）」からの情報ではこうだと、日銀幹部に伝えると、日銀側は真顔になるという始末です。

そんな具合で、大蔵省は財研記者経由で日銀に圧力をかけるのです。大蔵省は財政出動を嫌い、政治圧力の矛先を日銀の金融緩和に向けさせようとする。そこでメディアを利用します。政治サイドから、景気刺激のために財政出動圧力を受けると、わざと「日銀は公定歩合を下げるべきだ」みたいなことを財研記者に漏らす。財研は日銀担当にそう伝える。あるいは、大蔵省幹部が親しい日経幹部にささやく場合もある。

それを記者が日銀の企画局長にぶつけると、局長の顔色がパッと変わる。それくらい、日銀は大蔵省の考え方に敏感になっています。

金利政策を実質的に決めているのは大蔵省だから、日銀内部だけを取材していたら、ほんとうの動きをつかめないわけです。

この真相を知ったのはずっとあとになってからで、そのとき、なんて無駄なエネルギーを使っていたのかと、悔やんだものです。

一九九七年に成立した新日銀法では、日銀の政策決定の独立性が保証されたのですが、それでも日銀の企画担当は絶えず財務省の意向を重視しています。その点はさほど変わりはなかったのです。

前出の雨宮さんはとりわけ財務省との折り合いに気を配っていました。

石橋　その日銀も、黒田さんが総裁になった二〇一三年三月以降、かなり変わったと思います。独立性を保つようになりました。

安倍さんが「日銀は政府の子会社だ」と発言し、財務相の鈴木俊一さんが二〇二二年五月一三日の記者会見で否定したと各メディアが騒ぎ立てました。

日銀は政府が五五％を出資しており、総裁、副総裁、審議委員の人事権を持っているのだから「子会社」という譬《たと》えは間違いではありません。

しかも鈴木さんは「会社法でいうところの子会社には当たらない」と言ったのです。日銀は会社法ではなく、日銀法による組織ですから当然です。

一方、黒田さんは「日銀は政府が経営を支配している法人ではないと考えている」と述べ、独立性を主張しました。

田村　一九九七年六月制定、一九九八年四月に施行された新日銀法では、日銀の政策手段の独立性と透明性が明確に示され、目的は「物価の安定」と「金融システムの安定」となっています。しかしながら前にも述べたように、金融政策の目的はそんな狭隘《きょうあい》な範疇《はんちゅう》ではなく、国家と国民の経済の安定にあるべきなのです。

それなのに白川時代は、「金融システムの安定」に偏重しがちで、デフレ不況を加速させる超円高を招いても金融緩和を渋ったのです。この日銀政策は誤っています。

リーマンショックで大変な経済危機になっているのに、日本の銀行は米銀と違って打撃はほとんどないと、白川日銀は見なしました。金融緩和せずに超円高を容認する。このときの麻生政権の与謝野《よさの》馨《かおる》経財担当相は「蜂に刺された程度」と断じて、白川日銀のなすがままにさせました。

東日本大震災に遭遇しても、日銀は東北の銀行に一時的な資金供給を行った程度で済ませ、しかも数ヶ月後にはその資金を回収する始末です。

企業や銀行、損害保険など金融業界は円資金を確保して復興費用に充当しようと、海外でのドル資産を取り崩して円に転換したので、円高が急激に進行しました。

ところが白川日銀は金融緩和をせず、円高を容認してデフレ圧力を招いた。このときの民主党政権は白川日銀に何も言わなかった。

日銀法でいう狭義の「政策目的」だけに目を奪われると、国家と国民が大きな災厄に見舞われるのです。

脱デフレを目指すアベノミクスに従い、日銀が大きな役割を果たすのは、当然です。もし、日銀が金融システムの安定ばかりに目を向け、経済成長や雇用を軽視するようであれば、国会や政府が日銀に対し、政策の是正を求めるべきです。

日銀が政府の子会社であるということは、日銀は国家を代表する政府の大きな目的に従うという意味において、正しいのです。

石橋　日銀に対する首相の権限は、総裁、副総裁、審議委員の人事権だけです。もちろん、総裁には政府の金融政策の大まかな方針を伝えますが、それ以外はほとんど口出しができない。あとはときどき、膝を交えて話をして歩調を合わせるだけです。

田村　日銀としての政策の運営権は、独立しています。そこに首相や政府が、口を挟んで方向を変えることはできません。

だからこそ、ときの首相は、日銀総裁に誰を選ぶのか、が重要なのです。

石橋　だから首相としては、自分とは「あうん」の呼吸でやれる人を指名するわけです。バラバラな関係だと、とんでもないことになります。

田村　米国では日本と同様、政府も議会もＦＲＢに対し金融政策決定の独立性を尊重します。

しかし、経済全体に及ぼす結果については説明義務を課しています。

FRBの政策目的は日銀よりも幅が広く、雇用の安定、つまり失業率まで責任を負わなければなりません。

もちろん、FRBの政策だけで失業率は左右できるものではありませんが、政府と緊密に連絡を取り合って政策運営を行うようになっていくのです。

石橋　景気判断について、失業率が重要な指標とされていますが、安倍さんは懐疑的で「有効求人倍率こそ労働政策の指標にすべきだ」と言っていました。

たしかに有効求人倍率のほうが重要な指標です。

安倍政権の途中で、有効求人倍率が四七都道府県すべてで一を超えました。求職者ひとりに対して何件の求人があるかを示す数値が有効求人倍率で、求職者全員に求人があるわけですから、「仕事をしたくても仕事がない」という真の失業者はゼロだということです。

アベノミクスは目標を達成していないと批判されますが、予想以上の成果を出していたことになります。

＊8　新日銀法（新日本銀行法）
一九九七年六月一八日に公布、一九九八年四月一日から施行された改正日本銀行法のこと。政府から独立しているという独立性の確保と、政策の決定内容や決定過程の透明性の向上が、

おもな改正点。ちなみに日本銀行法は、日本銀行が日本における中央銀行として銀行券を発行し、通貨および金融の調整を行うことなどを定めた法律。
＊9　マクロ経済
経済活動を全体的に捉えること。政府、企業、家計をひとくくりにした、経済社会全体の動き。

●責任をとらない財務官僚

石橋　財務官僚含めて官僚にとって政治家の悪口が何よりの酒の肴です。

酷い政治家も多いし、それは一向に構いませんが、「政治家は責任をとらない」という批判はあたりません。

政治家は、失敗したら必ず責任をとらされます。

首相なら退陣しなければならなくなるし、閣僚も更迭されます。さらに、数年に一回は選挙で信任を得なければなりません。有権者に「×」とされたら、政治生命を絶たれます。

逆に官僚は責任を問われません。

左遷人事はあるかもしれませんが、刑法に触れるような不祥事でない限り、クビになることはありません。

政策の失敗で責任をとるのは政治家であって、官僚機構が組織として責任をとることはありません。

ついでに言えば、業績が悪化したり倒産したりしたら、一般企業は経営陣も従業員も路頭に迷うことになりますが、官僚機構は、日本が他国に占領されない限り、潰れません。

田村　本当にそうです。財務官僚がＯＢも含めて結束力が強いのは、相互扶助みたいな仕組みがしっかりできているからです。

石橋　財務省ほど「オン・ザ・ジョブ・トレーニング」が厳しい官庁はありません。

全員頭はよいので、頭がよいことは評価の対象になりません。厳しい「練兵」を繰り返すことにより、「鉄の規律」をつくり上げていく疑似軍隊のような組織です。

だから「省是」に向かって結束して進んでいく。「増税」が省是であれば、経済状況や政治状況がどうであれ、「省是」に向かって突き進んでいくわけです。

田村　エッセイストの故浜田《はまだ》マキ子さんの夫は、財務（大蔵）省出身の元衆議院議員の故浜田卓二郎《たくじろう》さんで、マキ子さんは、アベノミクスの熱烈な支持者です。

マキ子さんは緊縮財政と増税の財務省を批判し、卓二郎さんは反対意見で譲りません。でも、ふたりの仲が揺らぐことは一切なく、オシドリ夫婦で通しました。

卓二郎さんは選挙にも負け続けて不遇のときも多かった。マキ子さんに訊くと、「財務省はすごいんです。卓二郎をいろいろ助けてくれる。あの助け合いは強力です」と、財務省という組織を絶賛したのです。

そんな具合で、ＯＢになっても財務省の省是には逆らえないのだと思います。

石橋　「鉄の規律」はＯＢになっても続きます。ＯＢの天下り先も、その先の就職先も財務省本体が決めているのですから。だから〝真の事務次官〟はＯＢになっても、真の事務次官なのです。

田村　石橋さんのおっしゃる真の事務次官は、謂わば「永遠のドン」みたいなものです。それで財務省を罵倒する安倍さんの『回顧録』が出ると、永遠のドンである齋藤次郎さんのような人が財務省を代表して、反論というか弁解にしゃしゃり出てくるわけです。

石橋　真の事務次官のなかでは、勝栄二郎《かつえいじろう》さんは特異な存在でした。

事務次官を退官すると、財務省の敷くレールから外れて民間の電気通信業者であるインターネットイニシアティブの社長になりました。

田村　ああいうところは、いかにも勝さんらしい。

石橋　すっきりしている。あの人に「官僚臭さ」が薄いのはそのためでしょうね。いつもモゴモゴと話してディベート上手とは言えないのに、出世したこともすごい。消費増税については議論する余地もありませんが……。

財務省の体質は、検察庁に似ています。検察庁を退官した検事はほとんどが弁護士になりますが、検察ＯＢの弁護士がヒエラルキーをつくっており、そのピラミッドのなかで仕事を融通しあっています。

財務省は退官しても、完全引退しない限り、「財務省一家」のままですが、検察もＯＢを含めて「検察一家」を形作っています。

東京高検検事長だった黒川弘務《くろかわひろむ》さんが、産経や朝日の記者とコロナ禍で賭け麻雀をしていたことが二〇二〇年五月、『週刊文春』に報道されました。

黒川さんのライバルは同期の林眞琴《はやしまこと》さんでこれがめちゃくちゃ仲が悪かった。ふたりは同年の生まれですが、黒川さんは早生まれなので学年的には黒川さんがひとつ上になるわけです。

そこで当時官房長官だった菅義偉さんが仲裁に入り、黒川さんを先に検事総長にし、次に林さんを検事総長にしようと動きました。

これには黒川さんの定年を一年延長しなければならなかったのです。しかもこの人事案をつくったのは、法務省の検察出身の人事担当者であり、菅さんはこれを了承しただけでした。

にもかかわらず、メディアは「官邸が検察人事に介入した」と批判し、検察ＯＢたちが記者会見まで開いて官邸批判を繰り広げました。

「三権分立を侵している」という批判もありましたが、まったくおかしな話です。

裁判所の人事ならば、行政府が司法に介入したことになりますが、法務省も検察庁も行政府の一部であり、検察庁は法務省の外局にすぎません。

しかし、検察庁は「官邸の人事介入」という前例をつくりたくなかったのでしょう。これが黒川さんの賭け麻雀問題の伏線になり、黒川さんは辞任し、林さんが東京高検検事長にスライドし、その後、検事総長に就きました。

黒川さんは悪者扱いされ、可哀想でした。

「官邸の人事介入」といいますが、検察庁は、検事総長、次長検事、八つの高検検事長の一〇個も認証官ポストを持っています。

認証官とは、閣僚と同じく天皇陛下の認証を要する官職で、事務次官は認証官ではありません。だから、法務事務次官は、外局にすぎない検察庁のヒエラルキーでは序列一一位なのです。こんなおかしな省庁はほかにありません。

そして認証官には内閣の助言と承認が必要だと憲法で定められています。つまり、検察庁が官邸の人事介入を嫌うならば、認証官という官職を返上すればよいのです。

田村　検察庁も組織に嫌われなければ、天下り先も確保してもらって生涯安泰です。まさに、財務省と同じ体質です。

検察ＯＢの行動は法律家とは思えません。

財務省の組織に忌み嫌われている元財務官僚は、高橋洋一さんくらいかもしれません。

石橋　アジア開発銀行や国際通貨基金（ＩＭＦ）など、財務省も天下り先をたくさん持っていますから。そういうＯＢの天下り先を決めるのも、真の事務次官の大事な仕事になっています。

例えば、アジア開発銀行の総裁に天下った人物が、自分の次の総裁を指名できるわけではありません。それを決めるのは、財務省本体なのです。

田村　組織に逆らったら、天下り先がなくなる。
石橋　三〇年くらい前までは、事務次官になる年齢は五〇代半ばで、ほかの同期はそれまでに辞めなければいけない。多くは四〇代で退官するわけです。
　そして退官後の長い人生は天下り先を渡り歩いていきます。これを「渡り」というのですが、これをずっと各官庁が面倒を見ていたのです。
　世間で天下り批判が起き、各官庁は天下りへの関与をどんどん減らしましたが、財務省はいまも昔のままです。
　だから財務官僚は退官しても財務省の意向に逆らえないし、省是を守っていくしかない。
田村　もう、家社会です。そのなかで大物次官ＯＢは長老で、だから偉い存在になっていく。
石橋　その財務省という家の掟《おきて》に逆らったのが、何度も名前を出していますが、髙橋洋一さんなわけです。
田村　財務省内では、蛇蝎《だかつ》のごとく嫌われています。財務省のいちばん痛いところを突きますからね。
　髙橋さんの名前を出しただけで、財務官僚はまるで悪夢を見たばかりのように露骨に嫌な顔をします。
石橋　ただ逆らったというだけではない。髙橋さんは日本政府のバランスシートを作成した張本人だから財務省の内情を知り尽くしています。

東大理学部数学科卒で専門が統計学なので統計データの矛盾もすぐに見抜いてしまう。「獅子身中の虫」なのでしょう。そんな彼を使いこなせずに放逐した財務省が悪い。

田村　その通りです。予算の財源をどこから持ってきて、どのように使われるのか、細部にわたって髙橋さんは知っています。

そういうカネの流れを、財務省の外の人たちは誰も知りません。誰も知らないから、知っている財務省は自分の都合で動かせるわけです。

経済学者でも、財政に関する学術論文を書こうとしたら、財務省に行って説明してもらうしかありません。

●財政をわかっていない財務省

田村　本当は、財務省も財政をわかっていません。

初めて財務省のバランスシートをつくったのが髙橋さんで、それで髙橋さんは財務省の裏まで知ってしまうわけです。

東大法学部だらけの財務官僚の世界にあって、彼は数学科卒という異色の官僚です。誰よりも数字に強い。

企業ではバランスシートは当たり前ですが、財務省はおかしなところで、その発想がない。

あったのは家計簿の発想でしかありません。

財務省は家計簿式に勘定するから、予算を使ってしまったから手持ちのカネが減る、だから、支出を減らせ、収入の範囲内に支出を抑え、借金はするなということになってしまいます。

家計は働き手の収入が限られており、将来の収入増の見通しは不たしかで、逆に減る可能性が大きい。したがって、カネは貯めても、先行投資には躊躇《ちゅうちょ》します。

国家財政は家計とはまったく違います。先行投資ができるのです。

インフラや研究、教育、さらに防衛装備など、将来に備える出費はすべて先行投資で、国家の財務としては資産に計上されます。

例えば投資して土地を取得すれば、それは資産に計上すべきものです。この先行投資を支えるのが国債発行で、負債の部に計上されます。

資産と負債が同額になるのがバランスシートです。政府に、家計、企業を総合した国家全体としてのバランスシートを考えてみましょう。

政府の負債、即ち国債の九割以上は国内で消化され、大半は金融機関が引き受けます。金融機関は預金や各種保険料収入で成り立つので、謂わば家計が国債を資産として保有します。

つまり、政府の負債は家計にとっての資産です。家計の資産が増えることは豊かになることを意味します。

要するに誰かが借金しないと、国民は豊かになれないのです。

日本の場合、経済が順調に成長している時代は企業が借金しましたが、成長率の低迷が長期化するようになってからは企業が借金しようとしない。

その代わりに政府が借金を増やしているのです。

財務省のブリーフィングに頼る日本のメディアは、政府債務が膨れて大変だと騒ぎますが、問題は政府債務残高の大きさではありません。

先行投資されて形成される資産が収益を生むことです。

インフラ整備、基礎研究、教育のいずれもが将来の経済の成長をもたらします。防衛も国と国民の安全を確保し、成長基盤となるのです。

成長は国民の所得を大きくし、税収を増やします。

この結果、国債の元利払いが行われ、金融機関に収益をもたらします。

政府や国会の責任は、政府による先行投資が経済成長や安全を着実に実現できるかどうかであり、官僚は財務省に限らずその効率性に責任を負うのです。

石橋　簡潔でわかりやすい説明をありがとうございます。

話を戻しますが、髙橋さんはバランスシートをつくってみて、「日本はメチャクチャ黒字じゃないか」ということに気がついてしまった。

そういう彼を、財務省は省内の主流ではない郵政民営化のようなシンドイ仕事ばかりやらせる。

主流から遠ざけられている、という気持ちが髙橋さんにもあったと思います。

田村　髙橋さんにバランスシートをつくらせた当時の次官は、財務省にとってたいへんな過ちを犯してしまったと思います。

石橋　新聞社の経済部も財政を理解できていません。

毎年暮れの当初予算の原案が発表になったとき、必ずと言ってよいほど、「岸田家の家計簿」のような記事を掲載します。

お父さんの年収がいくらで、住宅ローンがいくら、教育費がいくら……家計は火の車でいずれ破産しますと読者を誘導する記事です。

そもそも、国家財政を家計に譬《たと》えること自体がナンセンスです。お父さんが老化しないでずっと元気が働く家庭などありません。国債を住宅ローンと同じ扱いにすること自体もナンセンスです。

産経に在籍していたとき、経済部に「なんで毎年こんなバカな記事を出すんだ？」と問いただしたことがあります。それでわかったのですが、財務省が記者クラブに一般会計を家計に譬えたレジュメ（概要）を配っていたのです。経済部記者は何の疑問も抱かずにそれを紙面化していたわけです。

逆に言えば、財務官僚も国家財政を家計と同じように考えているということじゃないですか。住宅ローンのような元利均等払いで借金する企業などありません。返済期限まで金利だけを払い続け、期限が来たら借り換えます。

国債の元本を返済する国債償還費はまさに住宅ローンの発想ですよ。


田村　家計だと、働き手であるお父さんの収入には限界があります。ベースアップとか昇給がないと増えません。それも、わずかです。だから、ケチケチと支出を減らすことに頭を使うしかない。それと同じことをやっているのが財務省です。

しかし国家財政は、経済が成長したりすると大幅に税収が増えます。

二〇二二年度の一般会計税収は、新型コロナウイルス禍前の二〇一九年度に比べ、二二パーセント増の七一兆七二〇〇億円と過去最高でした。それでも財務省は、節約一点張りです。

経済成長には投資が必要になります。

家計と同じ考えで節約ばかりして投資を考えなければ、経済成長はありません。先行きの税収も増えるわけがない。

それを補おうと消費税率を上げるなど、増税ばかり考えているのが財務省です。

石橋　国家財政を家計に譬えているような官庁に国家経営ができるのでしょうか。財務省が発想を変えないと日本は大変なことになりますね。

田村　企業のバランスシートにあたるのは、国の「連結財務[*10]」のことです。
髙橋洋一さんがつくって以来、財務省のホームページにも掲載されています。

といっても、ページを探りに探っていかないと辿り着けなくて、かなりわかりづらい。資産の部と負債の部があって、資産には金融資産など流動的資産が示されています。そして固定資産には、役人のための官舎とか国有地などが含まれています。

両者を比べると、「なんだ、こんなに国は資産を持っているのか」と驚く。

石橋　わからないように公表するのは後ろめたいからでしょうね。高校生でも、簿記を少しかじっていれば、簡単に財政の状況を理解できます。

田村　以前、熊本の商業高校で講演したときに、「日本の財務状況は、そんなに問題があるわけではありません」と、バランスシート、つまり連結財務の話をしました。

複式簿記を習っている高校生は私の話をすぐに理解できました。

財務省は「赤字だ、赤字だ」と騒ぐけれど、商業高校の生徒にはそんな国家エリートは不勉強だと思われるでしょう。

もっとも、財務官僚は意図的に知らない振りをしているだけかもしれませんが。

石橋　新聞記者で経済学部や商学部出身は少数派です。理系出身はもっと少ない。だから新聞記者は本当に数字に弱いのです。バランスシートを読めない記者も少なくありません。

記者がその程度のレベルだから、財務省がグラフをふんだんに使った資料をくれると、喜んでそのまま記事化してしまいます。

そんな体たらくの記者が、国家財政の現状を的確に指摘できるわけがありません。

田村　外国為替資金特別会計[*11]（外為特会）も、資産としては増えていても、理解できていないから報道できない。ドル高・円安になると、外貨を円に換算すると、ドーンと額が増えます。かなりの余裕資産ができるわけです。

石橋　二〇二二年から円安傾向が強まり、二〇二三年には一ドル＝一四〇円台になって、日本は為替差益でボロ儲《もう》けしているはずです。

にもかかわらず、財務省は明確な「儲け」は発表しません。外為特会でドル米国債がどれだけの割合を占めるかも表には出しません。

＊10　連結財務
単体の企業ではなく、企業グループをひとつの会社と見なしたときの損益計算書や貸借対照表などの財務状況。

＊11　外国為替資金特別会計（外為特会）
政府が外国為替相場市場で円売り・外貨買い介入を行うための特別会計。財務省が管理している。

●財務省は実態を知られるのを恐れている

石橋　財務省がバランスシートを説明したがらないのは、本当のことがバレたら省是にかかわるからでしょう。財政再建路線は根拠を失い、増税は困難になります。

田村　豊富な資産があることに気付かれ、積極財政派の政治家につけ込まれると、怖がっているはずです。

　髙橋さんが政治家に、「外為特会でこれだけ捻出できますよ」と知恵をつけると、「それを出せ」と言われるから困るわけです。いわゆる〝埋蔵金〟です。

　どうやって反論しようかと、財務省はただ頭を悩ませています。「すぐに現金化できません」とか、言い訳ばかりしています。

　言い訳をしないで、国民を富ませるために活用する方策を考えるのが、本来の国家エリートのはずです。これではせっかくの優秀な頭脳も退化してしまいます。日本の不幸です。

石橋　最近、財務省では主計局長になる前に理財局長[*12]を経験するケースが増えています。言うまでもなく主計局長は事務次官に次ぐポストで、主計局は出世コースです。

　一方の理財局は、国有資産を管理する地味なポストで、かつては出世レースから外れた人の「お疲れさんポスト」でした。

　それが変わったのは、やはり財務省も、持っている資産をきちんと理解していなければ、財政を語れなくなったからではないでしょうか。実態を隠すにも、まず実態を把握しなければ隠せません。

田村　理財局は国の資産を扱うわけです。財政を語るうえで、かなり重要な存在で、その役割が重視されること自体はよいことです。

そこが軽視されてきた事実には、財政を家計でしか考えられない財務省の退廃が如実に表れています。

＊12　理財局
財務省の部局のひとつで、国庫、国債・地方債、国有財産管理、貨幣の発行、日本銀行券の発行計画などをおもな業務としている。

第四章 財務省と新聞社、政治家

●財務省に頭が上がらない新聞社

石橋　第三章で、財務省のなかでも理財局は軽視されてきたと話しました。

理財局を軽視してきたのは新聞社をはじめとするマスコミも同じで、だから国民には理財局の重要性、理財局の管理する莫大な国有財産の存在が理解されてこなかったのだと思います。

新聞社でいえば、経済部の責任は大きいと思います。

田村　きちんと理解して伝えられる人材を育てて配置していないという問題が大きい、と思います。

石橋　すでに述べましたが、財務省の記者クラブは「財政研究会（財研）」という名称です。記者クラブなのに「研究会」は、おかしい。財務省に財政を教えてもらって勉強しています、みたいな意味になりますからね。

まるで財務省の生徒みたいじゃないですか。

田村　財務官僚は情報を欲しがる財研記者を〝ポチ〟と呼んで手懐《てなず》けます。内心でバカにしている。そんな記者が新聞社のなかでは評価されるのです。

石橋　財研でキャップを務めて、財務省から覚えめでたい記者が経済部長になります。

そういう人物が経済部を主導するわけですから、財務省の言いなりになるのも無理ありません。

田村　それから、論説委員も同じです。経済担当の論説委員は、財務省から覚えめでたい人物が就きます。それで何かあると、「ご説明にあがります」と財務官僚がやってきて簡単に籠絡《ろうらく》してしまう。

石橋　財務省の審議会である財政制度等審議会（財政審）のメンバーになっているマスコミ関係者も同じです。

財務省に見事な資料をもらって記事を書いていた人が、財政審のメンバーに選ばれます。まとめてもらった資料は、もちろん財務省に都合のいいようにつくってある。それをわかってるのか、わかってないのか、そのまま記事にするから、財務省に都合のよい記事しか載りません。

それで覚えめでたくなって、財政審のメンバー入りとなります。

財政審メンバーになれば、財務省の口利きもあって、どこかの大学の教授になっていきます。新聞社と財務省のあいだには、そうした悪しき慣習みたいなものができあがっています。

田村　そうしたなかでは、まともな記事がなかなか出てこないのも当然です。

財務省は日本のＧＤＰの半分くらいのカネを管理・配分するのですから、国家の命運を左右するのです。メディアがその言いなりになってしまえば、民主主義は形骸化します。

大手メディアにそういう自覚がないまま、「社会の公器」「言論の自由」を看板に掲げるのは欺瞞《ぎまん》です。

日本経済が四半世紀も停滞し、給料が上がらないどころか下がり続けてきたのは、財務省の緊縮財政と消費税増税政策が招いたデフレのせいですが、財務省の言いなりになってきたメディアにも大きな責任があります。

安倍さんは脱デフレを目指し、アベノミクスに踏み切ったのですが、財務省寄りのメディアに包囲されて、大きな制約を受けたのです。

石橋　岸田文雄首相が、二〇二二年七月の参院選後に内閣官房に設置した「国力としての防衛力を総合的に考える有識者会議」は、防衛費増に伴う増税に向け、コンセンサスを得るために、財務省が主導して設置した会議です。

安倍さんは参院選中の七月八日に凶弾に倒れてしまいますが、元々は「防衛国債」発行を主張していた安倍さんを牽制《けんせい》しようと企てて設置したのです。

そもそも「防衛力を総合的に考える」と銘打っていながら、メンバーに防衛問題の専門家はほとんど入っておらず、日本総研[*1]の翁百合《おきなゆり》さんや金融機関のトップら財務省の息のかかった人ばかり。

議事録を読んでも、財源論に終始しています。日経元社長の喜多恒雄《きたつねお》さん、読売グループ本社社長の山口寿一《やまぐちとしかず》さん、元朝日主筆の船橋洋一さんらが入っているのも笑えます。

防衛増税に向け、主要メディアを使って世論を醸成しようというのが見え見えじゃないですか。

田村　岸田文雄首相は二〇二二年五月に来日したバイデン米大統領に「防衛費の相当な増額」を約束しました。自民党はそのタイミングで国内総生産（GDP）比二パーセントを掲げました。

そこで、防衛費増額論議が始まりましたが、先導するのは例によって財務省です。岸田首相は「防衛費増額に関する有識者会議」を開いたのですが、「有識者」の人選はほぼ財務省の振り付けによります。

一一月一七日の『日経』朝刊一面トップはその提言の「原案」を掲載しました。明らかに財務省筋のリークに基づく〝大本営発表記事〟です。

見出しは〈防衛費増、法人税など財源〉で、〈幅広い税目による国民負担が必要だ。〉〈負担を将来世代に先送りするのは適当でない。国債依存があってはならない。〉と強調しています。

安倍晋三首相が言及した防衛国債論を一蹴したのです。

自民党の増税反対派グループは安倍さんというリーダーがいないと結束力がどうしても弱くなる。財務官僚はそこをついて、「財源はどうするのですか」と迫る。

「有識者会議」が一段落した一一月一八日には自民党と公明党の税制調査会総会が開かれました。いずれも「防衛財源は法人税を軸にする」と結論を出します。

もとより、財務省の防衛国債否定の論拠は、「安定財源にならない」という屁理屈です。「法人税こそ、景況に左右される不安定財源の代表である」は財務官僚の口癖だったのに、臆面もなく言い切るのは、それだけ反対派を舐《な》めてかかっている証拠です。

しかも経済界の猛反発を食らいかねません。財務官僚はそんな逆風は計算済みだからこそ、「幅広い税目」の増税の必要性を有識者に言わせたのです。

家計消費は景気如何にかかわらず一定に保たれるので、消費税こそは安定財源の代表税目です。財務省が隠す真の意図は消費税率の一五パーセント以上への引き上げで、防衛費増額はさらなる消費税増税へのまたとない踏み台なのです。

消費税増税と緊縮財政が四半世紀もの恐るべきゼロ経済成長をもたらし、国力を衰退させてきました。それを繰り返そうとする財務省に、メディアはやすやすと誘導されるのです。

岸田政権は結局、二〇二七年度までの五年間で必要な防衛力整備費約四三兆円の一部を、防衛関連以外の歳出削減や法人税などの増税で賄うことにしました。

二〇二七年度以降は毎年度、約四兆円の財源を必要とし、そのうち歳出削減と増税で一兆円以上ずつ確保する財務省シナリオに従うことを決めたのです。

国内経済のほうは、新型コロナの収束を機に、景気のV字回復、脱デフレの道筋になってきたというのに、この先は増税が待っていると、消費者や中小企業を身構えさせます。その財務省に加担するメディアの罪は大きいです。

石橋　消費税率を一〇パーセントにするときも、新聞の定期購読料に軽減税率[*2]を適用するという、おかしなことがありました。

「週二回以上発行される新聞で定期購読契約に基づくもの」は、食料品などと同じ軽減税率適用で、八パーセントに据え置かれました。

あれは、新聞協会が各社で署名を集めて陳情したからです。財務省に頭を下げて、無理を聞いてもらった。そんな業界が防衛増税を議論するなんておかしな話です。

田村　陳情する側が、陳情される側に頭が上がるはずがありません。

日銀と記者クラブの関係も同じようなものです。

記者は「教えてもらう立場」で頭が上がりません。日銀総裁会見を見ても、総裁が一方的にしゃべって、記者が疑問を発することがほとんどなく、そのまま送稿するというスタイルです。ネットの時代でマーケット向けの速報が重視されるからです。

それでも、総裁が〝法皇〟と称され、会見場に入る総裁を記者たちが直立不動の礼で迎えた昔よりはましですが……。

前にも述べましたが、財務省の場合は、官僚たちがネタを欲しがる財研記者を〝ポチ〟と呼んで、財務省に都合のよい材料をリークするのを〝餌をやる〟と称していたと、かの髙橋洋一さんがばらしていました。そんな記者は与えられた情報を鵜呑《うの》みにするのです。

石橋　だから、財務省は記者を軽く見ている。簡単にコントロールできるし、利用する存在くらいにしか考えていない気もします。

田村　先述したように、こんなことがありました。一九八二年三月に、私は日経の日銀クラブのキャップになります。それまでは、産業界、通産省、外務省担当で、日銀の中に足を踏み入れたことは一度もなかったのです。

経済紙の日銀キャップですから、部下の記者の数は五人前後いる大所帯です。金融の知識習得に努めるのに手一杯ですが、上から言われるのは、日銀総裁人事はキャップの専管事項だということです。

すると、日経の財務（大蔵）省担当から私に、当時の前川春雄《まえかわはるお》総裁について、さかんに情報を流してくるのです。

「前川は本来、総裁になれる人物ではなかった」「前川は七一歳の高齢だから長くは続けられない」「前川は五年間の総裁任期いっぱいはやらず、途中で退任し、副総裁の澄田智《すみたさとし》に禅譲するはずだ」と言ってくる。

前に触れましたが、前川さんが総裁になった一九七九年一二月の人事で、『日経』は大誤報をやっていました。他紙は「前川新総裁」と報じているのに、『日経』だけが「新総裁は澄田智」と報じてしまった。

だから、「今度こそは、他紙を出し抜け、中途退任に備えよ」というわけです。

大蔵官僚としては、もちろん大物次官だった澄田さんを総裁にしようと画策し、一九七九年一二月の交代劇のときも日経に吹き込み、真に受けさせました。日経経済部幹部は大蔵官僚と親しく、その情報を信じて疑わなかったのです。

もちろん、狡《ずる》くて怜悧《れいり》、つまり〝ワル〟が多い官僚集団のことです。日経をミスリードしたと負い目を感じ、今度はスクープ情報を提供してあげようというわけではまったくありません。むしろ、「前川は早めに代わるかもしれんぞ」という無責任な観測をわざわざ流し、あせる日経記者をけしかけて日銀取材に走らせ、前川さんにプレッシャーをかけたというのが真相でしょう。

実際にその当時、たまたま酒席で知り合った大蔵官僚の中堅は、私に情報をさかんに流してくる財研記者のひとりについて話が及ぶと、「あの肥ったポチのことですか、いいですね」と言ってのけた。そこまでバカにしているのです。

石橋　財務（大蔵）省としては、大蔵省出身で〝真の事務次官〟でもあった澄田智さんを総裁にしたいわけです。そのために、日経を動かして外堀を固めようとしていたのかもしれません。

田村　前川さんが総裁に就任したのは六八歳で、総裁の任期は五年です。

私が日銀のクラブに移ったときに、前川さんは七一歳で、任期満了まで二年以上あります。財務（大蔵）省は前川さんの「高齢」を理由に終始、早期引退説を記者たちに吹き込んでいました。

しかも相手は日経ばかりではありません。読売記者もその説を真に受けていたのです。

総裁人事取材はキャップの専管事項なので、仕方なく、私は前川さんの東京高輪のマンションに週に一回は夜討ちをかけていました。そこでよく読売記者と出くわすのです。

アメリカのトランプ前大統領やバイデン大統領が齢七〇を超しても激職をこなしているいま、七一歳が高齢だと決めつけるのはおかしいですが、当時の日本の尺度ではそうでした。

でも、実際に前川さんと接すると背筋が伸びて矍鑠《かくしゃく》としています。〝法皇〟とまで称された米国のポール・ボルカー連邦準備制度理事会（ＦＲＢ）議長からは「マイク」と呼ばれ、頻繁《ひんぱん》に英語でやりとりしています。

マンションの受付から前川さんを呼び出すと、ロビーにあるソファーで話に応じてくれます。失礼だと内心では思いながら、「前川さん、いろんな風説が流されているので、やむなくお邪魔しました」と探りを入れるわけです。読売記者も同じです。

いま考えても、我ながらアホなことをやっていたと思います。前川さんは、江戸っ子らしくべらんめえ口調、好みの酒は薩摩白波、おでん屋で談論風発。まさに快男児です。

「そこまでしてオレをクビにしたいのか」とあきれた表情でしたが、早期退任説については肯定も否定もしません。総裁人事は内閣総理大臣次第ですから、当然のことです。

逆に「しょうがないね。日経は何を考えているのかね」と突っ込んでくる。

そんな調子ですが、前川さんとはすっかり打ち解け、戦後間もない時代のＧＨＱとの交渉やボルカー論など、ずいぶんと参考になる体験談を聞くことができたのは、何よりでした。

ちょうどそのころ、[*3]メキシコ債務危機が発生し、ボルカーから深夜の電話を受けた前川さんはメキシコ債務返済猶予のパッケージを話し合ったことがあったそうです。

また、一九八四年三月、私がワシントン特派員に赴任して間もないころのことですが、ワシントン近郊で国際金融会議があり、前川さんやボルカーが出席していました。駆けつけると、「キミ、英語は大丈夫か」と聞かれるので、「いやボルカー議長発言がうまく聞き取れなかったので、前川さんに取材するのです」と答えました。するとまたもや「しょうがないね」との反応。ボルカー議長は口ごもってしゃべるので、聞き取りにくいのです。とはいえ、前川さんに助け船を求めたのは情けない話です。以来、私は奮起して基軸通貨ドルの金融について徹底的に究明しようと、ＦＲＢに徹底的な取材攻勢をかけます。

単独会見拒絶主義のボルカー議長以外の理事会メンバーは二年ほどかけて全員にインタビューし、最終的には、米国の金融担当記者や日銀の米国駐在よりもＦＲＢの奥の院に精通したと誇れるほどです。

結局、前川さんは一九八四年一二月までの任期いっぱいまで務めることになります。大蔵事務次官上がりではあり得ない、国際派セントラルバンカー[*4]でした。

プラザ合意以降も前川さんが続投していたら、日銀は米国の代理人同然の財務（大蔵）省の言いなりにはならなかったのではないかと、思います。

石橋　前川さんの後任は澄田さんでしたから、財務（大蔵）省としては、遅ればせながら、ようやく目的を果たしたことになります。

田村　公定歩合でも、財務（大蔵）省の課長が財研の記者に、「そろそろ利下げがあるかもしれませんよ」と囁くわけです。それこそポチへの餌やりです。

大蔵官僚の目論見通り、すぐに財研の記者は反応します。

その情報が経済部長に上がってきて、経済部長が日銀クラブの私にプレッシャーをかけてくるわけです。日銀総裁人事と同じパターンです。

こちらとしても日銀内部に取材しないわけにはいかないから、日銀担当の部下たちを一斉に企画局長など関係者へ取材へと走らせます。答えはいずれも全面否定です。私が前川総裁に食い下がっても、「そればかりは答えられないな」といなされます。

公定歩合というのは、日銀が金融機関に貸し出す基準金利のことで、当時は金融政策の要となる政策金利です。

銀行の預金金利、貸し出し金利など各種の金利が公定歩合に連動しているために、「マル公」の略称で呼ばれる公定歩合が変更されると、経済全体に及ぼす影響が甚大なわけです。

ともかくマル公に関しては、日銀総裁は決定前に国会で議員に聞かれても嘘をついてもよい、という不文律があったほどです。

だから、聞くだけ野暮というものですが、銀行や産業界、消費者への影響の重大性に加え、その機密性の高さゆえに、公定歩合の上げ下げをスクープすることは日銀担当記者の至上命令だったわけです。

ところが、いくら部下を総動員して日銀幹部に当たらせても、火も煙も感じられない。

経済部デスク陣は公定歩合変更記事を打つかどうかは、日銀キャップにまかせると言います。「公定歩合引き下げは今回ない」と経済部長に報告します。ところが大蔵省情報を信じている経済部長からは「田村、お前は度胸がない」となじられる始末です。

そんなぐあいに、大蔵官僚は日経編集局をコントロールして使っていくのでした。いま思い出しても腹立たしい限りです。

日銀総裁人事にしても公定歩合騒動にしても、日銀担当記者は大蔵省に翻弄されて、おおよそ知性の欠片《かけら》もない取材に駆けずり回される。

大蔵省担当記者にしても、問題意識を持ってしっかり勉強して取材し、財政政策に疑問を呈する記事を書くことなどできなくなってしまうわけです。

ちなみに、いまの日銀政策金利は銀行間での翌日決済の資金取引の場である短期金融市場「無担保コール市場」[*5]の誘導目標を指します。公定歩合は短期金利の上限の目安にすぎません。一九九四年に金利自由化[*6]が完了し、公定歩合と預金金利などの連動性がなくなったのです。日銀政策の基本は自由化後、市場オペレーション（資金の操作）[*7]によって、短期金融市場金利を誘導することです。

いまでも、日銀の政策金利変更は日銀担当記者のメインテーマですが、財務官僚による仕掛けがない分、記者は雑音に悩まされずに済みます。

きちんと金融市場動向をフォローし、日銀の担当者と向き合って行けば、洞察力ある記事が書けそうです。

＊1　日本総研
株式会社日本総合研究所。総合情報サービス企業で、シンクタンク・コンサルティング・ITソリューションの三機能を有している。
＊2　軽減税率
消費税率は一〇パーセントになったが、一部の商品は八パーセントに据え置く制度。対象は、酒類・外食を除く飲食料品、定期購読契約が締結された週二回以上発行される新聞。
＊3　メキシコ債務危機
メキシコ政府が、先進国の民間銀行から借り入れた資金の返却ができなくなった問題。一九八二年にメキシコ政府は対外債務返済の一時停止を宣言し、影響は世界に広がった。
＊4　セントラルバンカー
中央銀行（日本では日本銀行）の上級の幹部を指す。とくに総裁を指す場合が多い。
＊5　無担保コール市場
銀行や証券会社の間で、無担保で行われる資金の貸し借りをする市場。翌日物《よくじつもの》──担保がなくお金を借り、翌日には返済する取引──金利は、日銀による金融政策の誘導対象になっている。

＊6　金利自由化
財務省や日銀による公的規制を解いて、金利の水準をマーケットの需給関係による自由な決定にゆだねること。
＊7　市場オペレーション（資金の操作）
日銀による金融市場を調整する手段。資金の貸付や国債の買い入れなどによって資金を供給するオペレーションと、国債の買戻条件付売却などによって資金を吸収するオペレーションがある。

●政治家もコントロールする財務省

石橋　財務官僚がコントロールしているのは、新聞記者ばかりではありません。政治家もコントロールされています。

戦後、吉田茂《よしだしげる》が鳩山一郎《はとやまいちろう》や三木武吉《みきぶきち》ら「党人派」に対抗するために、優秀な官僚たちを政治家にした「吉田学校」が自民党宏池会《こうちかい》（現在の通称は岸田派）の源流です。

歴代の首相を見ても、宏池会創始者の池田勇人《いけだはやと》さんや佐藤榮作《さとうえいさく》さん、大平正芳《おおひらまさよし》さんらは吉田学校出身です。

岸信介《きしのぶすけ》や中曽根康弘《なかそねやすひろ》さんは「反吉田」ですが、いずれも官僚出身です。戦後復興期の政治は完全な官僚主導だったと言ってよいでしょう。

戦前も日本は基本的に官僚主導国家でした。岸信介などは、官僚時代から政治家をコントロールしていました。

第二次近衛《このえ》内閣で商工大臣を務めたのが、阪急東宝グループの創始者である小林一三《こばやしいちぞう》でした。このとき商工事務次官だったのが、岸信介です。

戦時下で統制経済[*8]を推進しようとする岸と、自由主義経済を守りたい小林が対立し、最後は小林を辞任に追い込んでしまった。事務次官が大臣の首を切るのは、この時代でも前代未聞でした。小林一三は死ぬまで岸信介を恨んでいたことでしょう。

ただ、よい意味でも悪い意味でも、戦前の帝国大学で学んだ官僚たちには「国の舵《かじ》取りは官僚が担う」という強い自負心がありました。それが通用しなくなったのは田中角榮さん以降です。

そこで官僚たちは、政治家に取り入り、上手くコントロールして政策を誘導することを重視するようになります。

一九八八年のリクルート事件以来、自民党は長い混迷期に入ります。大物政治家による長期政権が続かなければ、官僚主導は強まります。

ところが、官僚が主導すればするほど景気が悪くなってしまっているのが現実なのです。政治の混迷が「失われた三〇年」を生んだといわれていますが、裏を返せば、財務（大蔵）省を筆頭にした官僚主導の経済政策が失敗したともいえるのです。

田村　そう言えば官僚出身の首相は宮澤喜一さんで最後ですね。

石橋　宮澤さんは池田勇人蔵相の秘書官として日本が独立する講和条約の準備交渉に携わり、一九五一年九月のサンフランシスコ講和会議[*9]にも全権随員として参加しています。戦後の日米関係の生き字引みたいな人でした。

田村　たしかに生き字引でしたね。日本がポツダム宣言を受諾したとき、英語が堪能な財務（大蔵）省の若手官僚代表が宮澤さんで、真っ先に庁舎の地下の倉庫に英文タイプライターを取りに走ったそうです。

池田蔵相が吉田首相の特命を帯びて講和条約の下準備のためにワシントンに飛んだとき、米財務省の向かい側にあるB級ホテルの「ホテルワシントン」に池田蔵相と相部屋で泊まらざるを得なかった。

乏しい外貨を節約するためです。持参した安い日本酒をコップに注いで、打ち合わせた。以来、アメリカには屈折した思いがあったのでしょうが、アメリカ政府高官との折衝でタフだったとは、私には思えません。

プラザ合意から始まった円高の勢いは、翌一九八六年に入っても衰えません。一月には一ドル＝二〇〇円を割り、二月には一八〇円台まで円高が進みますが、それでも円高が止まる様子は見えない状況でした。

さらに円高が進んでいた七月に大蔵大臣に就任したのが、宮澤喜一さんです。

当時の政権を率いていた中曽根康弘さんの経済政策を批判していた宮澤さんですが、円高で苦しむ日本を放っておけなくなって入閣したのだと思います。

大蔵大臣に就任すると、宮澤さんはさっそく円高進行に歯止めをかけるため、ベーカー財務長官と頻繁に掛け合うことになります。

最初の会合場所は米側の要請で極秘とされ、厳重な箝口令《かんこうれい》が敷かれています。日経本社の大蔵省担当は宮澤さんが米国のどこに向かったのかわからず、何とかつき止めてくれと、困り切っています。

当時私はワシントン記者会の幹事だったので、各社のワシントン駐在からも頼み込まれます。

そこで外務省担当時代から親しくしている松永信雄《まつながのぶお》駐米大使に電話すると、大使は「ちょっと待って、いまドアを閉めるから」と数秒間の沈黙のあと、ヒントをくれました。

「宮澤さんは鈴木善幸《すずきぜんこう》内閣の官房長官ですね。そのとき外務省から秘書官として仕えた者がいまどこにいるか調べてみたら」と。ピンと来ました。その秘書官はサンフランシスコの総領事、有馬龍夫《ありまたつお》さんです。

各社に至急連絡し、ほぼ全員が一斉に空港に駆けつけ、サンフランシスコ総領事邸に押しかけました。

有馬さんは、しばらくして姿を現し、「何のことですか」とすっとぼけます。幹事の私は仕方ないから、切り出します。

「あなたが宮澤さんに忠実なことはわかりますが、でも宮澤さんが記者団をすっぽかしたことになれば、宮澤さんのためにはなりませんよ。大臣を説得して会見を開くようにしてくれませんか」と、半ば脅しです。

それに、宮澤さんには唯一同行している記者がいたことがのちほどわかります。NHKのT記者で、宮澤さんの甥で、宮澤さんと同じ飛行機で米国入りしています。「何だ、極秘訪問で記者はアウトだと言っているのに、血縁者は例外か」ということになります。

有馬総領事は「ちょっと時間をください」と言い、姿を消したあと、「みなさん、このあと宮澤大臣が会見します」ということになりました。

いくら秘密好きのベーカー長官の要請とはいえ、それを真に受けて従う宮澤さんも大蔵官僚もアメリカに弱いんだな……これが「知米派宮澤」の現実なのかと思ったものでした。

宮澤さんはその後、何度もワシントンにやってきて、ベーカー長官と交渉します。交渉のあと宮澤さんと日本の記者たちとの懇親会がありました。ワシントンの目抜き通りであるKストリートにある中華料理店です。

私は少し遅れて店に入りました。宮澤さんから「ここに来なさいよ」と声がかかったので、隣に座りました。

彼の本籍地は広島県ですが、東京での生活が長く、東京高等師範学校附属小学校（現・筑波大学附属小学校）から旧制武蔵高等学校を経て、東京帝国大学（現・東京大学）法学部政治学科を卒業しています。

そのためか、酔うとべらんめえ調になるのです。

その彼が、「てやんでぇ、ベーカーの野郎、あいつは為替のことなんかわかってねぇんだよ」と話しはじめました。

宮澤さんもベーカー長官もタバコは吸わないのですが、ふたりが話をした長官室の部屋には灰皿があったそうです。その灰皿を指して宮澤さんは、「この灰皿の販売価格が一夜にして半分になったらどうするんだ」と詰め寄ったようです。

しかし、ベーカーは、まともに返答しない。宮澤さんは苛立っていたわけです。

プラザ合意のときの大蔵大臣は竹下登さんで、彼はプラザ合意のために、日本経済がどうなるのか、さほど真剣に考えていなかったフシがあります。

それに対して宮澤さんは、円高の影響を理解していたし、ベーカーと交渉する根性がありましたが、ベーカーを説き伏せることはできず、円高は進んでいきます。

一九八五年平均二三八円、一九八六年一六八円、一九八七年一四四円、一九八八年一二八円、そして一九九五年には年平均で一ドル＝一〇〇円を切りました。

一九九八年九月四日、サンフランシスコのフェアモント・ホテルで、元首相ながらあえて小渕恵三内閣で蔵相を再度引き受けた宮澤さんは、ルービン財務長官と就任後初の日米蔵相会談に臨みました。

ルービンは巨額の不良債権処理が遅れ、信用不安を抱えたままの日本の大手銀行に対し、政府による公的資金の注入を求めていました。

しかし、財政や金融の知識と経験が豊富な宮澤さんは今度ばかりは、「日本には日本のやり方がある」と譲りません。すると、ルービンは宮澤さんをなじります。「日本は緊急性の認識が足りない」「質、量、スピードのいずれもだ」と。

その後、一九九九年九月二五日のことです。ルービンに代わって米財務長官に昇格、就任したラリー・サマーズは七ヶ国財務相・中央銀行総裁会議（G７）出席のためワシントンに滞在している宮澤蔵相を深夜の電話で呼び出し、怒鳴りつけました。

「ミスターハヤミ（速水《はやみ》優《まさる》日銀総裁）は一体何を言っているんだ。彼に記者会見のやり直しをさせろ」と。

その日の昼間に発表されたG７共同声明では当時問題になっていた急速な円高の阻止について、「円高について日本政府の懸念を各国が共有する」とありました。

じつは、「円高阻止」に米側は難色を示していたのですが、水面下の事前折衝の結果、速水日銀総裁が金融緩和に向けた柔軟姿勢を明らかにすることを条件にしていたのです。

ところが速水総裁はG７声明後の記者会見で、「為替相場を金融政策で直接管理する考えはない」と強調したのです。

サマーズ長官は約束違反だと、激怒し、宮澤さんにねじ込んだ。結局、宮澤さんは米側の要求を受け入れ、速水総裁は翌日に再度記者会見し、為替相場の影響を含めて金融政策を柔軟に運営する方針を強調したのです。

日銀としてはプラザ合意後、米側の要求に従ったままずるずると金融緩和を続けたことがバブルを招いたとの反省があるから抵抗したのですが、宮澤蔵相が屈したとあっては覇権国米国の剣幕には逆らえなかった……そういう一幕でした。

石橋　戦後の日本は、長く安全保障を米国に丸投げしてきました。だから経済・通商交渉では米国に頭が上がらなかった。とくに宮澤さんは占領下で米国と交渉して悔しい思いをしてきたので、米国に対して卑屈な感情を持っていたと言われています。

田村　財務（大蔵）官僚として、戦後レジームとは何かを知り尽くしているゆえにか、宮澤さんは内心忸怩《じくじ》たる思いを抱えながらも、アメリカと決裂することを恐れた、ということなのでしょう。

石橋　いまなお多くの政治家や官僚は、米国がからんでくると弱気になってしまう。中曽根康弘さんや安倍晋三さんが国民に人気があったのは、米大統領と堂々と渡り合ったことが大きい。それができたのは安全保障に堂々と踏み込んだからです。

田村　一九八〇年代から一九九〇年代にかけての日米通商摩擦[*10]での自動車交渉でも、政治家も官僚も口をそろえていたのは「政治問題化させない」ということでした。

政治問題化させて米国との関係に亀裂が入ると日本は大変なことになる、との意識だったからです。

だから、自動車にしろ鉄鋼、半導体でも、日本側が米国側の要求を受け入れるかたちで決着していくわけです。

そのために官僚は、国内の産業界には強い姿勢で臨む。マスコミもコントロールして、日米関係の悪化を避けるようにしていきました。それは、現在でも同じだと思います。

＊8　統制経済
一国の経済活動について、国家が統制・干渉する経済体制。

＊9　サンフランシスコ講和会議
一九五一年九月にサンフランシスコ市内オペラハウスで、日本の主権回復を認めるために行われた日本と連合国による会議。

＊10　日米通商摩擦
一九六五年以後、日米間の貿易収支が逆転して、米国の対日貿易が恒常的に赤字となったことから、日米間に生じた軋轢《あつれき》のこと。

●宏池会体質そのままの岸田首相

石橋　吉田茂が有能な官僚を集めた「吉田学校」が宏池会の母体となったことは前にも触れました。

田村　とくに宏池会は財務省の出先機関同然です。その中枢にいるのが、宏池会の会長でもある首相の岸田文雄さんです。

石橋　宏池会は官僚と親族を結婚させ、閨閥《けいばつ》をつくるのが特徴です。岸田さんはその典型例だと言えるでしょう。

明治神宮近くに「穏田《おんでん》マンション」といわれる白亜の洋館がありました。岸田さんの祖父で、衆議院議員も務めた実業家の岸田正記《きしだまさき》が昭和初期に旧伯爵家から買い取った洋館で、現在はマンションに建て替えられています。

ここが岸田さんの東京の実家であり、かつて他の住民は財務（大蔵）官僚ばかりだったそうです。

岸田さんにはふたりの妹がいますが、ともに財務官僚と結婚しています。さらに、親戚には財務官僚がずらりといます。まさに閨閥です。

岸田内閣の主要メンバーも財務省出身者がやたらと多い。前厚生労働相の加藤勝信さん、前経済再生担当相の後藤茂之さん、元総務相の寺田稔さん、元経済安全保障担当相の小林鷹之さん……。最側近といわれる前官房副長官で幹事長代理の木原誠二さんも財務省出身です。

財務省は、岸田さんが首相になって心から喜んでいると思います。

田村　自民党参議院の宮澤洋一さんも、たしか岸田さんの親戚にあたるのではないですか。

石橋　岸田さんの従兄弟です。岸田さんの叔母が元首相の宮澤喜一さんの弟に嫁いで、生まれたのが、宮澤洋一さんです。

彼は、東大法学部を卒業して財務（大蔵）官僚となり、衆院三期、参院三期を務めたベテランです。

宮澤喜一さんの甥でもあり、宏池会会長になってもおかしくないはずですが、まったくそんな声が上がらないのは人望がないからでしょうね。

田村　それでも、[*11]自民党税制調査会（自民党税調）長のポストには就いています。

石橋　宮澤洋一さんはバリバリの財政再建派・増税派として知られていますが、この人を自民党税制調査会長に起用したのは、岸田さんです。

自民党税調は、政務調査会の下部組織ですが、山中貞則《やまなかさだのり》さんがドンとして君臨したころは、首相さえ口出しできないほど絶大な力を持っていました。

いまはそこまでの力はありませんが、政調会長が高市早苗さんから萩生田《はぎうだ》光一《こういち》さんに変わったときも、岸田さんは萩生田さんに「政務調査会の人事は自由にやってよいけど、宮澤さんだけは留任させてほしい」と頼んだそうです。

つまり、いまの増税路線は岸田さんの強い意志が働いているということです。

田村　税制改革については自民党の協力が不可欠ですから、そのいちばん大事なところに身内がいれば安心です。

＊11　自民党税制調査会（自民党税調）
自民党における審議機関のひとつで、例えば、一九七一年度税制で道路特定財源のための自動車重量税を創設、一九七三年度税制で個人事業主に給与所得控除を実現したが、このころから税制において主導権を握るようになっている。

●防衛費拡大に増税で対抗する財務省

石橋　本章冒頭で述べましたが、岸田さんは二〇二二年暮れ、毎年五兆円で推移してきた防衛費を二〇二三年度から五年間で四三兆円に増額する方針を打ち出しました。

ウクライナ戦争や、緊迫する東アジア情勢を考えれば、至極真っ当な判断ですが、財務省としては国債を増やすことだけは絶対に避けたい。

そこで「防衛力強化資金」を創設し、防衛費増額分の財源をこの資金から賄うことにし、二〇二三年六月に、防衛費増額に伴う財源確保法[＊12]を成立させせました。

防衛力強化資金は、歳出改革や公有財産の売却などで賄うとしていますが、これで足りない部分は増税となります。防衛費増のために国債を発行させないための防波堤のような法律です。経済成長を持続させれば、年数億円の税収増は十分可能なのに、次期衆院選を見据えながら、こんな法律を慌てて成立させる必要があったのか。

防衛費増に反対する人はごく少数です。立憲民主党や共産党が「歯止めなき軍拡反対」と訴えても、次期衆院選にさほど影響はない。

でも、「軍拡のための増税反対」というキャンペーンを張られると岸田政権は厳しい立場に追い込まれます。

財務官僚にはこういう政局的な感覚はゼロなんでしょうね。岸田さんも同じです。

田村　財務省的には、増税でもって防衛費の拡大に歯止めをかけたつもりなのでしょう。出費が増えることには本能的に抵抗するのが財務官僚です。岸田さんは財務省を「身内」と思っているかもしれませんが、そういう意識が財務官僚にはないのかもしれません。

ただの〝利用しやすい首相〟という気がします。

石橋　「経済財政運営と改革の基本方針２０２３」（骨太の方針）[*13]が六月一六日に閣議決定されました。これを実質的につくっているのは、言うまでもなく財務省です。

この骨太の方針では、財源問題はこぞって先送りにされています。岸田さんが「会期末解散・七月衆院選」を検討していることがわかったからでしょう。

さすがの財務省も、明確に増税を示せば、自民党が衆院選で苦戦するということにようやく気付いたのではないか。

それならば、二〇二二年末に防衛費増に伴う法人税増などを打ち出す必要はありません。財務省と宏池会は政局的なセンスがあまりに乏しいと思います。

田村 骨太の方針には、〝姑息な表現〟が入れられています。

安倍さんは、アベノミクス最大の目標として掲げた「脱デフレ」を達成しきれなかったことを悔いていました。財務省が主張する「プライマリー・バランス（基礎的財政収支）の二〇二五年度黒字化」に縛られていたからです。

プライマリー・バランスの黒字化を優先させられて、大胆な財政出動ができなかったのです。安倍さんが「プライマリー・バランスの黒字化」という表現を嫌っていたのを財務省も気にしていたのか、「骨太の方針２０２３」では、この表現が消えています。

ただし、第五章の〈令和六年度予算編成に向けた考え方〉のなかに、〈令和六年度予算において、本方針、骨太方針２０２２及び骨太方針２０２１に基づき、経済・財政一体改革を着実に推進する。〉という一文があります。

骨太方針２０２０と骨太方針２０２１には、プライマリー・バランスの黒字化が明記されています。

つまり、骨太方針２０２３には明確にプライマリー・バランス黒字化は記されていないけれど、２０２０と２０２１に基づくということは、「プライマリー・バランス黒字化が目標ですよ」と明記しているのと同じです。

安倍さんが嫌ったプライマリー・バランス黒字化という文言を消したように見せかけて、姑息な表現で盛り込んであるわけです。

石橋　プライマリー・バランスの黒字化、つまり、財務省が念仏のように唱えている「財政健全化」です。

財務省がそこにこだわり続けてきたことが、日本経済が低迷から抜け出せなかった大きな要因となっています。

あまり前面に出すのはマズいと、さすがに財務省も気付いたのかもしれません。そこにこだわると、岸田政権は確実に潰れます。すでに「増税メガネ」と言われていますしね。

そこで直接的な言葉は避けて、せこい書き方で誤魔化すところで財務省も妥協したのだと思います。

経済を低迷させているプライマリー・バランスの黒字化にこだわっていては、岸田さんは選挙に負けます。財務省としても、岸田さんをバックアップしているつもりかもしれません。

田村　直接的な表現は引っ込めても、明記されている過去の骨太の方針に〈基づき〉なわけですから、依然としてプライマリー・バランスの黒字化が財務省の大方針であることに変わりはありません。

二〇二四年度の予算編成で主計局が各省庁と折衝するときに、「プライマリー・バランスの黒字化を明記した過去の骨太方針に基づくことになっているので、予算は増やせません」と各省庁に言えるわけです。

プライマリー・バランスの黒字化を金科玉条にして、これまで通り財務省は予算要求をカットできます。大幅な財政出動とはならないので、経済の低迷も続くことになります。

＊12　防衛費増額に伴う財源確保法
防衛力強化に向けて、税外収入を積み立てて複数年度にわたって防衛費に充てる「防衛力強化資金」の新設を柱としている。

＊13　骨太の方針
「経済財政運営と改革の基本方針」のこと。内閣府に設置されている重要政策に関する会議のひとつである「経済財政諮問《しもん》会議」で決議された政策の基本方針。小泉純一郎政権において、「聖域なき構造改革」を実施するために同会議に決議させた政策の基本骨格が始まり。

●岸田さんは麻生さんの二の舞になるのか

石橋　骨太の方針でせこい書き方をしているのは、岸田さんが早い時期に解散・総選挙に出ると踏んでいるからではないでしょうか。

　プライマリー・バランスの黒字化を引っ込めて政府が財政拡大に踏み切るという期待が出てくれれば、選挙で岸田さんは有利になります。

　しかし、ズルズルと選挙を先延ばしにして、予算編成で財務省の姿勢はまったく変わっていないことがわかってしまうと、景気が上向く期待感がしぼみますから、逆に不利になります。

田村　岸田さんとしては、早く解散を決断しないと政権を終わらせることになりかねない。

　プライマリー・バランスの黒字化目標を目立たないようにした財務省の小細工も、岸田さんを助けることはできなかったことになってしまうことになります。

　それでも、安倍さんのような強力な積極財政派のリーダーが政権の座に就かない限り、安心ということなのでしょう。

石橋　岸田さんは広島G7サミットを成功させたうえで国会会期末に衆議院を解散し、七月に衆院選挙を実施する考えだったようです。

　にもかかわらず、マイナンバーカードのトラブルが相次いだうえ、LGBT理解増進法案[*14]を強行に成立させたことにより、支持率が急落し、解散を見送ってしまった。

　首相が自ら解散風を吹かせて、自ら先送りすれば求心力を一気に失います。

　古くは海部俊樹《かいふとしき》さんがそうでした。麻生太郎さんも就任直後に解散しようとしましたが、リーマンショックにより先送りし、結局、民主党に政権を奪われました。

岸田さんは二〇二四年秋の自民党総裁選までに衆院選に勝利し、国民の信任を得なければ、総裁再選が危ぶまれます。

七月衆院選を見送ったのは大失敗だったと思います。

田村　岸田さんの首相秘書官を務めていた長男が、二〇二二年末に官邸で悪ふざけをしていたのがバレたり、木原誠二官房副長官（当時）のスキャンダルが騒がれたりで、選挙を戦うには不利だと判断したのかもしれません。

しかし、株価も三万円を超えているし、景気は追い風です。そうしたなかで国民に信を問うための選挙をやらないのは愚かしいと思いました。

石橋　下がり続ける内閣支持率を気にしていたのかもしれません。

私も複数の雑誌で〈総選挙をやれば自民党単独過半数割れはあり得る。〉と書きましたけど、そういう見方を気にしていたのかもしれません。

田村　スキャンダルになった木原誠二さんも、財務省出身ですよね。スキャンダルが出たときに、すぐに切ればよかったはずなのだけれど……。

石橋　切れないでしょうね。『週刊文春』が報じた愛人の問題は、その前に『週刊新潮』が報じています。両誌で愛人とされる人物は同じです。スキャンダルが繰り返し表に出ているにもかかわらず、岸田さんは何もできない。

田村　岸田さんに知恵をつけているのは、木原さんだといわれています。

石橋　彼が岸田さんに知恵をつけるから、話がややこしくなる。

彼は自民党内で嫌われていますから、自民党と官邸のパイプ役を果たせていない。だから政府と自民党の動きがチグハグになってしまうのです。

ＬＧＢＴ理解増進法案にしても、最終的に自公案に国民民主党と日本維新の会が乗ってくれると岸田さんは思い込んでいました。木原さんがそう伝えていたからです。

ところが国民民主党と日本維新の会が応じるはずはありません。

最終的に政調会長の萩生田光一さんが、日本維新の会代表の馬場伸幸さんに頭を下げ、自公が維新案を丸呑みする形で決着しましたが、これも政府と自民党のパイプ役である木原誠二さんのチョンボだと言っていい。

二〇二三年の伊勢神宮参拝後に岸田さんが唐突にぶち上げた「異次元の少子化対策」も木原誠二さんの入れ知恵のようですが、これも増税への布石でしょう。

財務省は常に増税を政権課題にしたいみたいですね。

田村　岸田さんは九月一三日の内閣改造で木原さんを官房副長官のポストから外しましたが、自民党は二二日の党役員人事で幹事長代理兼政調会長特別補佐としました。岸田さんはやはり木原さんを頼りにしているのでしょう。木原さんは党長老の実力者、二階俊博さんの受けもよいですから。

ポスト岸田の候補と目される茂木《もぎ》敏充《としみつ》幹事長や萩生田光一政調会長の監視役もこなせる器用

さもありそうです。

でも、問題は、財務省が気脈を通じている木原さんを介して、岸田内閣と与党を増税に導くことです。

政府の要職者のスキャンダルはまずい。しかし、党の黒子役なら世論の風当たりは弱くなりますから、財務省としても使い勝手がよくなるのです。

＊14　ＬＧＢＴ理解増進法案
自民党性的指向・性自認に関する特命委員会が法制化を進めた法案で、正式名称は「性的指向および性同一性に関する国民の理解増進に関する法律」。ＬＧＢＴ（性的少数者）に関する基礎知識を広め、国民全体の理解を促すための法案。二〇二三年六月二三日に成立、同日に施行。

第五章 財務省と日本銀行

●米国に操られる財務（大蔵）省、財務省に操られる日銀

田村　もういちど日銀について話し合ってみましょう。

前にも話しましたが、日銀は〝財務（大蔵）省日本橋本石町支店〟と呼ばれるような存在でした。公定歩合を決めるのは日銀の専管事項のはずなのに、実際は大蔵省銀行局の銀行課長が決めているような状況でした。

日銀は一九九八年一〇月施行の改正日銀法によって政策運営についての「独立」が保証されましたし、「大蔵省」も二〇〇一年一月に「財務省」に名称変更しましたが、財務省が日銀に対し強い影響力を持つ構図は一九九八年以前とさほど変わりません。

日銀総裁、副総裁、さらに政策審議委員は首相の指名によりますが、首相は財務省の意向を重視します。こういうかたちで財務省は内閣府を支配しているので、日銀に対して支配力を持つのです。

石橋　日銀が主体的に決めるのではなく、財務省に言われた通りに動いているだけなのが、日銀というわけですね。

田村　一九八五年九月に国際協調介入によるドル安・円高誘導を決めたプラザ合意があり、いきすぎたドル安・円高を是正するための各国の市場介入を決めたのが一九八七年二月のルーブル合意[*1]でした。

米国としてはドル安を止めたいが、金利は下げたい。しかし自分のところだけ下げると、他国との金利差が開いて、米国から資金が他国に流れていって、ドル安がさらに進んでしまいます。そこで、当時のベーカー財務長官は、日欧、とくに日本と西ドイツに協調利下げを要請します。

日本で金利を動かすのは日銀の専管事項のはずですが、財務（大蔵）省を使えば日銀を簡単にコントロールできることを米側は知っていました。そこで、大蔵省のワシントン公使と示し合わせて、日銀にプレッシャーをかけるわけです。

日本は一九八六年前半、二度にわたって米利下げに協調して利下げし、さらに翌年二月のルーブル合意直後までに二度単独利下げしました。

それに対して西ドイツは、金融政策は自国のためにあるという原則を盾に、頑として応じません。

そして起きたのが、一九八七年一〇月一九日のブラックマンデー（暗黒の月曜日）[*2]です。米国のダウ平均株価は一日で五〇八ポイントも下落し、世界大恐慌の発端となった一九二九年一〇月二四日のブラックサーズデー（暗黒の木曜日）を上回る株の大暴落を記録しました。

そのとき、私はワシントン駐在でとめどもなく下がるニューヨーク株価の模様をテレビ画面で見ていましたが、トレーダー、米政府関係者、エコノミストの誰もが茫然自失というありさまでした。

するとCNNのワシントン支社から電話があり、スタジオでの討論会に急遽《きゅうきょ》、出演してくれとのことです。米国や欧州の記者も呼ばれましたが、真っ先に質問されるのは日本人記者の私で、「日本はどうするのか」というわけです。

私は、「ルーブル合意のG7の政策協調が崩れたためにニューヨーク市場が急激なトリプル安――株安、ドル安、債券安――に見舞われた。円高が進む日本が金融緩和を継続することで、市場安定に貢献できるはずだ」と答えました。

G7といっても、金融市場を動かすのは米・日・西ドイツの三ヶ国の政策です。その一角の西独連銀が動きそうにないし、米国はドル安を高進させる利下げには踏み切れません。アンカー（碇《いかり》）役は日本しかなかったのです。

当時、米連邦準備制度理事会（FRB）議長――ボルカーに代わって就任したグリーンスパン――が九月に利上げしたばかりで、日銀も「この機を逃すな」とばかりに、利上げによる金融引き締めに動いていました。

しかし、ブラックマンデーを目の当たりにし、断念せざるを得なくなりました。もちろん、その背景には米財務省、FRBと気脈を通じている大蔵省の圧力もありました。

それで日本の公定歩合は〇・二五パーセントという低利のままで据え置かれることになります。

モノの生産が円高のために押さえつけられているなかでの超金融緩和ということで、余剰資金が株式や不動産市場に流れ込みます。

企業はエクイティファイナンス[*3]によって巨額の資金を株式や不動産投資に向けるので、株と地価が急騰する。いわゆるバブル経済となっていきます。

石橋　バブル経済は、財務（大蔵）省を動かして日銀をコントロールしていた米国が引き起こしたともいえそうです。

田村　日本の財務（大蔵）省としては、財政出動によって内需拡大を米国に迫られるのを非常に嫌っていました。

財政出動となれば、財政収支赤字が増えるというわけで本能的に嫌うわけです。

ベーカー財務長官はプラザ合意後、日本に対して財政・金融両面で内需を拡大せよと迫ってきたのですが、大蔵省は、財政は無理だが、金融ならできる、とかわして、大蔵省日本橋本石町支店の日銀にお鉢を回してきたのです。

いまでも鮮明に思い出しますが、一九八七年二月のパリ・ルーブル宮殿でのＧ７合意の取材に行ったとき、当時の日銀の澄田《すみた》智《さとし》総裁はすっかり青ざめています。記者会見では、宮澤喜一蔵相が記者たちと満足げな表情で受け答えしているのに、脇の澄田さんはほぼ一貫して無言でした。

あとでわかったのですが、宮澤蔵相は得意の英語で、英語の本家、英国のローソン蔵相を感心させたとのことです。合意の柱は為替レートのリファレンス・レンジ（参考相場圏）でした。

簡単に言うと、合意時の各国通貨の対ドルレートを中心値として、一定幅に抑えようというものです。

具体的にはドルに対する為替の変動幅を中心レートの上下二・五パーセントとし、為替市場介入は各国の裁量に任せるが、それを超える場合、上下五パーセント以内に抑えるよう介入を義務づけられました。

秘密の合意で、中心レートはまさに合意時点の相場で、円は一ドル一五三・五円、西ドイツのマルクが一ドル一・八二五マルクです。

記者発表される相場圏部分の原案は英語表記で〝around present levels〟（＝現時点の水準周辺）だったのですが、宮澤蔵相は日本語に直すとあまりにもはっきりしすぎると言って反対しました。それを受けてローソン蔵相が「それでは〝present〟（＝現時点）を〝current〟（＝現行）にしよう」と提案して、合意に漕ぎ着けたのです。

私も、合意後、しばらくしてFRBの幹部に〝current〟とは具体的にいつの時点を指すのかと質しました。すると「あれはちょうど合意の時点（＝at the present time）のレートのことだよ」とあっさりと認めていました。

〝present〟も〝current〟も米当局者にとってはどうでもよいことだったのです。

しかし、英語のニュアンスに敏感な宮澤さんは、具体的な中心レートがばれると、投機筋につけ込まれると恐れたのです。

澄田総裁がやつれきっていたのにはわけがあります。

為替安定に影響する金融政策については公式の合意文書では触れませんでしたが、実際には激しい議論がありました。為替相場の安定に向けて金融政策の果たす役割の重要性を米側が主張したのに対し、西ドイツは強く反対したのに、日本側はおおむね同意せざるを得なかったのです。

米国はドルが弱くなると日独が金利を下げるよう求めます。しかし、西ドイツは逆に米国が金利を引き上げるべきだと反論します。一方で対米協調利下げに応じてきた日銀は西ドイツに足並みをそろえることができません。それどころか、ルーブル合意翌日の一九八七年二月二三日には公定歩合を〇・五パーセント幅、即ち二・五パーセントへと大幅引き下げを約束させられたのです。もとより、大蔵省日本橋本石町支店と揶揄《やゆ》される日銀は抵抗できなかったのです。

実際、ルーブル合意から一週間もしないうちに、西ドイツが為替市場介入合意から離脱し、ルーブル合意の崩壊が始まります。

もともと西ドイツは、「為替市場を当局がコントロールしようとすること自体が無理」という考えに立っていましたから、協調介入にも消極的でした。

前にも述べた通り、澄田さんは大蔵省大物次官ＯＢで、前任の日銀生え抜きの前川春雄《まえかわはるお》総裁が一九八四年一二月に退任したあとに、就任したのですが、翌年にはプラザ合意、そして一九八七年ルーブル合意に直面し、しかも一九八六年には二度も米利下げに付き合わされています。

資産バブルの兆候が見えはじめているのに、またもや利下げに追い込まれたのです。

日銀内部には生え抜きの三重野康《みえのやすし》副総裁を中心に、金融引き締め勢力から突き上げがありましたが、米国と組んでいる大蔵省からの金融緩和継続圧力には抵抗しきれません。

生気を失ったかのような澄田さんの表情には、その苦悩が滲み出ていたように思えます。

＊1　ルーブル合意
一九八七年二月二二日、パリのルーブル宮殿で開催された先進七ヶ国（日、米、英、独、仏、伊、カナダ）の財務大臣・中央銀行総裁会議で、一九八五年九月のプラザ合意によるドル安がいきすぎたため、歯止めをかけるための合意。
＊2　ブラックマンデー（暗黒の月曜日）
一九八七年一〇月一九日の月曜日、ニューヨーク株式市場で起きた史上最大規模の大暴落。またたく間に世界中に波及した。
＊3　エクイティファイナンス
時価発行増資などによる、株式市場での資金調達。エクイティとは「株主資本」のことで、発行会社からすると、返済期限の定めがない資金調達である。財務体質を強固にする効果が望める。

●失われた三〇年を招いた財務省と日銀

石橋　プライマリー・バランスがマイナスになるのを嫌って、財政出動を渋るのが財務省ですね。

財政健全化を唱えて支出を抑えたがる体質は、いまも変わらない。

田村　基本的には変わりません。

ただ、財務（大蔵）省が日銀をコントロールして低金利を続けさせてバブル経済を引き起こしたとの反省機運が自民党内でも生まれ、日銀法を改正しようという動きになります。

不思議なことに、大蔵省は改正に反対するどころか、協力的だったのです。

平成バブル崩壊の衝撃がすさまじいなか、その責任を問われそうになった大蔵省が批判をかわすためのめくらましが日銀法改正だったとの見方があります。

石橋　金融政策が財務（大蔵）省の言いなりになっていたらとんでもないことになると学んだ成果なのでしょうか。

田村　日銀内部には、平成バブルはいきすぎた金融緩和のせいだったとの反省が強かったです。

金融を引き締めようとしても、対米協調を優先する財務（大蔵）省など政府の指示で身動きがとれなかったことから、日銀の政策運営の独立を政界に訴えたのでしょう。

日銀法改正問題は資産バブルが問題になっていた一九八〇年代の終わりごろから、くすぶっていましたが、一九九〇年代前半のバブル崩壊ショックを経て、国会のコンセンサスとなり、一九九七年六月に法案成立、翌年四月施行になったのです。

大蔵省は改正法案に抵抗するようなことをすれば、政界や世論から非難を浴びたことでしょう。むしろ改正に同調したほうが身の安全です。それに、金融政策を日銀の裁量に任せても、官僚が最も重視する人事権は内閣が持ち、その内閣は大蔵省の支配力が強い。

ただし、いかに独立性が欠如していたからといっても、世界の近代史上最悪ともいえるバブル崩壊不況と慢性デフレを招いた日銀は責任を免れません。それは、バブル崩壊後に日銀の独立性を認めた大蔵省にも言えることです。

日銀は澄田総裁時代末期の一九八九年五月に公定歩合の引き上げに転じ、同年一二月に〝平成の鬼平〟こと日銀生え抜きの三重野康総裁体制となって以降、これでもかこれでもかと、株価急落が止まらなくなっても、大幅な利上げを続けたのです。

一方、大蔵省は株価と地価の暴落を招いたという点では、日銀以上の破壊力を行使したともいえます。

まずは株価暴落を決定づけたのは、一九八九年一二月二六日に当時の大蔵省証券局長・角谷《かどたに》正彦《まさひこ》さんの名前で出された「証券会社の営業姿勢の適正化及び証券事故の未然防止について」という通達でした。

証券会社が法人や投資家から一任されて株式売買を行う際に、損失を補償、補塡《ほてん》することが証券界の慣例としてありました。

運用を証券会社に一任してしまえば運用方法に悩まずに済むし、それで損しても補塡してもらえるとなれば、企業や機関投資家は苦労せずに儲《もう》けることができます。

証券会社としても、多くの資金を集めて運用できるし、それによって手数料で稼ぐことができます。その仕組みが、「営業特定金銭信託」（営業特金）です。

こうして証券市場に多額の資金が流れ込み、株価を押しあげて、バブル状況になっていました。

通達が出された三日後の一二月二九日は証券取引所の最後の取引日となる「大納会」で、日経平均株価の終値は三万八九一五円と史上最高値を記録しました。誰も角谷通達の重みに気付いていませんでした。就任したばかりの三重野日銀は利上げ意欲満々でしたが、市場は気にも留めません。

しかし、正月明けに屠蘇《とそ》気分も抜けきらないなかで出社してきた証券マンたちは、証券局長通達の存在を知って青ざめました。

損失補塡ができないとなると、企業や機関投資家から資金を集めることが一気に難しくなる。そうなると株価の暴落は容易に想像できたからです。

実際、三万円を大きく超えていた日経平均株価は、九月には二万円台にまで下落していきます。三重野日銀はそれに構わず公定歩合を大幅に連続上げです。

与党の有力政治家の間では、宮澤喜一さん、橋本龍太郎さんらが、一九九〇年初めからまず株価が急落しはじめても、地価の高騰が続くのを見て、「これでは有権者の多くがマイホームを持てなくなる」との危機感を抱き、地価の上昇抑制と引き下げ策を大蔵省に求めます。

そこで一九九〇年三月二七日に「不動産融資総量規制」という一通の通達が、大蔵省銀行局長・土田正顕《つちだまさあき》の名で全国の金融機関に発せられました。

狙いは、不動産投機熱を冷やすため、土地取引に流れる融資の伸びを抑えることでした。

さらに大蔵省は翌年に地価税を導入するに及び、日銀の金融引き締めと重なって地価も猛烈な勢いで下落しはじめました。株価暴落よりも、この地価暴落のほうが平成バブル崩壊不況をもたらす大きな要因になったのです。

不動産を担保に融資する銀行は不良債権を抱えたために、新規融資を手控え、既存の融資を引き上げる貸し剥がしに転じました。つまり、経済という身体に回る血液であるカネの流れが凍りついたのです。

巨大なカネあまりが引き起こす「バブル」はいずれ潰れることは避けられないとしても、バブル崩壊開始後の政策次第では崩壊後の経済難を和らげることができたかもしれません。

しかし、日銀は急激な金融引き締めにこだわり続け、税収増に目がくらんだ大蔵省は地価税という新税導入に走りました。

日銀法改正で、大蔵省・日銀双方の責任を問う矛先をかわしたとするなら、国民に対する重大な裏切り行為です。

　それに気付かないで日銀法改正があたかも日本の金融政策を正常化するかのように論じるメディアの甘さも問題です。

石橋　論議が始まって、日銀法が改正されるのは一九九七年で、施行は一九九八年です。

　この日銀法改正で、日銀の独立性はほんとうに高まったのでしょうか。

田村　独立性という意味は政策運営についてであって、日銀が金利をどうしても上げると決めれば、誰も止められないということです。

石橋　かなり独立性は確保できていることになります。

　逆に言うと、日銀法改正前には前川春雄さんとか澄田智さん、三重野康さんに松下《まつした》康雄《やすお》さんなど、錚々《そうそう》たる人たちが総裁に就いていましたが、彼らも財務（大蔵）省のコントロール下にあったと言えます。

田村　大物と言われた人たちがそろっていたわけですが、財務（大蔵）省の了解がなければ公定歩合の上げ下げはできなかったというのが実態だったのです。

　しかし、前述したように、大蔵省の影響下にあるから金融政策に失敗するとか、独立性が確立されたからといって、日銀が国家と国民にむけて適切な政策を実行するとも限らないわけです。

　日銀法改正案は、大蔵省が元・慶應義塾長の鳥居《とりい》泰彦《やすひこ》さんや慶大教授だった吉野《よしの》直行《なおゆき》さんなど、大蔵省の受けのよい学者を呼んで練ったそうですが、かなり拙速で、中央銀行の独立性の定義がきちんと整備されている海外の現地調査がほとんど行われなかった。

この結果、政府からの独立性が英国のイングランド銀行や米国の連邦準備制度理事会（FRB）に比べて強すぎる、つまりオールマイティだとの批判があります。

英米では、国民経済運営では政府や議会が求める目標達成について、中央銀行は従わなければなりません。

例えば、FRBは雇用について政府以上に責任を持ち、失業率が上昇すれば議会から政策の是正を要求されます。議会の公聴会で定期的に詳細な報告を求められます。

日本の場合、政府の経済目標に従う義務があるかどうか曖昧なのです。だから、二〇一二年一二月に第二次安倍政権が発足し、アベノミクスを打ち出したとき、安倍さんは、脱デフレのための物価安定目標二パーセントを政府・日銀の合同目標とする声明に当時の白川方明《しらかわまさあき》総裁にわざわざ署名させるしかなかった。

五年の総裁任期が近づいている白川さんは再任を画策していたので、安倍さんの意向に従いました。しかしながら、「金融政策ではデフレを解決できない」という日銀理論を振りかざす白川さんが抵抗してもおかしくなかったのです。

●日銀の独立性を悪用した白川総裁

石橋　日銀法改正で独立性を確保した日銀で、それでもって力を発揮した悪い例が白川方明さんではないでしょうか。

白川さんは二〇〇八年四月に就任して、辞めるのは二〇一三年三月です。

田村　福田康夫内閣から麻生太郎内閣、そして民主党政権となって鳩山由紀夫内閣、菅直人内閣、野田佳彦内閣のときまで、白川さんは日銀総裁の座にありました。

デフレが進行しているにもかかわらず、「金融政策で物価を押し上げることはできない」というのが白川さんの持論でした。リーマンショックになっても金融緩和せず、超円高を招きます。さらに何度も触れたように、当時は麻生政権でしたが、経済財政担当相の与謝野馨《よさのかおる》さんが「日本は蜂に刺された程度」と言って、白川日銀の無策を放置します。

その結果、リーマンショックの発生国ではない日本が世界で最も深刻な不況に見舞われました。

繰り返しになりますが、二〇一〇年一月初め、民主党の鳩山政権は宍戸駿太郎《ししどしゅんたろう》筑波大学名誉教授と私が提言していた大規模な金融緩和策に賛同し、日銀に働きかけようとしましたが、白川さんは「政府からの独立性」を盾にけんもほろろだったのです。

石橋　二〇一一年三月の東日本大震災のときですら、金融緩和拒否の姿勢を変えようとしませんでした。

田村　それで超円高になって、半導体など産業競争力がガタ落ちになります。

震災の直撃を受けた東北地方の製造業全体が日銀無策によって二次災害を被ったのです。

日銀は日本の国民が悲鳴を上げているときにも、金融緩和しようとしない。

改正日銀法を事実上作成した財務省は日銀に口出ししません。それどころか増税によって復興財源を賄うよう、民主党の菅直人政権を誘導しました。

実質賃金が下がり続けているところに、家計は年間数千円から一、二万円の増税を強いられるわけです。

そんなときの増税は、負担感を倍増させます。

実際、需要は大きく萎縮して、デフレ不況が酷くなります。

白川日銀が大規模な量的金融緩和に踏み切っていたら、ずいぶん状況は変わったと思います。まず、超円高は避けられたでしょう。

財務省は日銀の資金大量発行に合わせて震災復興国債を大量発行すれば、即座に財源を確保できますから、復興スピードは速いうえに、日本全体に復興景気が波及したはずです。

独立性を保って金融政策は日銀の専管事項だという姿勢を保ったわけですが、日銀のいきすぎた独立性が国難を招いたのです。

石橋　その白川さんは、安倍さんが首相になって、日銀総裁の座を追われることになります。

田村　そうです。先ほどの指摘を詳しく言うと、二〇一二年一二月二六日に政権に返り咲いた安倍さんは、翌年一月二二日に「デフレ脱却と持続的な経済成長の実現のための政府・日本銀行の政策連携について」という共同声明を発表します。

物価安定の目標として消費者物価の前年比上昇率二パーセントが目標として掲げられ、日銀がその責任を負うことが共同声明には記されています。

つまり、日銀が物価上昇を実現するため、大規模な金融緩和に乗り出すという意味です。「金融政策では物価を押し上げることはできない」というのが日銀の伝統的な考えであり、白川さんはそれを頑なに守っていました。民主党政権時代には、白川さんの東大経済学部時代の恩師である浜田宏一《はまだこういち》米イェール大学名誉教授から間違いを指摘されると、「浜田先生は最近の理論を知らない。教えてあげましょうか」と尊大な態度をとる始末でした。

しかし白川さんは、その持論を覆して共同声明に署名したわけです。そこから見ると、白川理論は単に日銀の独立性を偽装するための便法でしかありません。

共同声明の三ヶ月弱後の四月八日には、白川さんは日銀総裁の任期を迎えるはずでした。日銀総裁は二期務めるのが理想とされていて、白川さんも二期目を目指していたはずです。

当時、私は日銀の幹部から、官邸に再任工作をしていると聞いていました。

白川さんとしては、安倍さんから再任の約束を取り付けるために、あえて持論を曲げて共同声明に署名したのだと思います。

石橋　持論よりも自らの再任を選んだことになります。
しかし、結果的に白川さんの再任はありませんでした。

田村　任期満了前の二月五日に、白川さんは辞任の意向を安倍さんに伝えています。

じつは二月初めの時点で、安倍さんは本田悦朗《ほんだえつろう》内閣官房参与と相談したうえで、次期日銀総裁を黒田東彦《くろだはるひこ》アジア開発銀行総裁と岩田規久男《いわたきくお》学習院大学教授のふたりに絞っていました。

そのことを、白川さんはどこかで察知していたのではないでしょうか。そして再任を拒否されるより、自ら退任する決心を固めたのだと思います。

安倍さんにしてみれば、思い切った金融緩和を考えていましたから、いつまた日銀の伝統的な考えに戻るかもしれない白川さんを再任する気はまったくなかったと思います。

それで自分の考えにふさわしい金融緩和を実行する人を日銀総裁にしたかった。それほど、金融緩和に対する安倍さんの姿勢は一貫していた。

石橋　実際、白川さんのあとで日銀総裁になった黒田東彦さんは、アベノミクスの「大胆な金融政策」を実行していくわけです。

田村　日銀総裁人事が動きつつあるときに、私は岩田さんの教授退官パーティに出席しました。そこで岩田さんに、「日銀総裁に指名されますよ」と探りを入れました。岩田さんが総裁の有力候補だと踏んでいたからです。
そうしたら岩田さんは、「いや、私は副総裁のほうがいい」と答えました。

私の読みが当たっていれば、「ノーコメント」などと逃げのコメントが戻ってくるのが普通です。

あまりにあっけらかんとした反応だったので、それ以上は問い詰めませんでした、そのときにはすでに、本田参与とのやりとりを経て副総裁起用が決まっていたのだと思います。

●財務省のスパイ網

石橋　日銀を実質的にコントロールしていたり、やはり財務省という役所はすごいところだと思います。

その財務省に、政策統括審議官[*4]というポストがあります。事務次官候補が就くポストだと言われています。

岸田さんの親戚になる可部《かべ》哲生《てつお》さんも、このポストに就いていたことがあります。

この統括審議官が何をやっているのか、たぶん他省庁でも詳しく知らないのではないかと思います。

財務省は首相官邸をはじめ他省庁や、日銀やＩＭＦ（国際通貨基金）にも様々な人材を送り込んでいます。

防衛省の会計課長も、財務省から送り込まれます。各省庁の機構・人員・給与などを統括する人事院や総務省行政管理局などの中枢にも財務省は人を送り込んでいます。

つまり、財務省は各省庁の予算だけでなく、機構や人員管理まで握っているのです。

彼らは派遣先の動きを逐一報告書にまとめ、財務省本省に送っています。一種の工作員のようなものですね。

そのレポートをすべてとりまとめ、事務次官に報告するのが政策統括審議官の役割です。


田村　たしかに、財務省はいろいろなところに人を送り込んでいますし、主計局は全省庁の予算に関する総理秘書官情報をすべて掌握できます。

ということは、日本国最大かつ最強の情報収集機関ということになります。しかし、逐一レポートを本省に上げているとは知らなかった。

財務省出身の総理秘書官は官邸のために働いていると思っていたら、じつは財務省のために働いている。財務省の情報収集担当でしかない。

石橋　政府のヘッドクォーターである首相官邸を出先機関として扱っているわけです。おかしいでしょ。恐らく財務官僚は、政府のヘッドクォーターは自分たちだと思っているんでしょうね。

田村　もちろん、日銀にも財務省から送り込まれた財務官僚が在籍しています。

彼らは、当然のように日銀の動きを財務省に報告するのです。

財政と金融が一体となって経済再生を実現する。そのための日銀との人材交流なら大いに結構ですが、脱デフレの役割はもっぱら日銀に押し付けておき、緊縮財政と増税をやりやすくするという考えのもとに、日銀内部をウォッチしているのでしょう。

石橋　要するにスパイなのです。そのくせ、自分たちのやっていることに首相が口を挟むことさえ許さない。

安倍さんは二〇一五年八月、病気だった財務事務次官の香川俊介《かがわしゅんすけ》さんの後釜に、第一次安倍政権時に首相秘書官を務めた田中一穂《たなかかずほ》さんを押し込みました。もちろん財務相の麻生太郎さんの了承はとっていましたが、財務省は根に持った。

組織のトップが人事権を行使するのは、官民問わず当たり前の話ですが、財務省はこれが許せなかったようです。

税財政の問題だけでなく、この人事の問題が、安倍さんと財務省の対立の根っこにあったと見ています。

田村　防衛省を含め、各省庁の会計課長は、ほとんどが財務省から送り込まれていると聞いたことがあります。詳しく調べたわけではないので、断定はできませんけど。

石橋　あり得る話です。カネの流れを抑えておけば、コントロールもしやすいはずです。

田村　日銀は、新日銀法で独立性は担保されたけど、依然として「京都のお公家さん」みたいな体質から抜けきれないところがあります。

どういうことかというと、政治家対策や駆け引きは日銀生え抜きは概して苦手です。日銀総裁も国会答弁しなければならない立場です。だからなおさら政治家対策は重要なのです。

そういうことに長けているのは財務官僚だから、そこに頼ってしまうわけです。

財務官僚も、コントロールしやすい日銀の人間を優遇することになります。

例えば、雨宮正佳《あまみやまさよし》さんは若いころから日銀生え抜きのエースと呼ばれ、二〇一八年三月から二〇二三年三月まで副総裁を務めました。そのまま日銀総裁になるのではないか、との憶測も一時期ありました。

白川総裁にも仕えた彼が、なぜ白川路線とは真逆の黒田東彦総裁のもと、副総裁職をこなしたかといえば、異次元緩和政策の細部を解きほぐし、日銀の実行部隊に落とし込む能力に長けていたからだけではありません。

常に財務省と情報交換し、軋轢《あつれき》のないようにする。

財務省の受けをよくすることで、彼は財務官僚を通じて政治家対策をこなせた。日銀生え抜きでそこまで財務省に食い込んでいる者はほとんどいませんから、かの白川さんだって雨宮さんを頼りにしたフシがあります。

メディア対策についても、白川総裁時代に日銀の反金融緩和を執拗《しつよう》に批判する私に対し、まともに反論してきたのは雨宮さんです。

でも黒田総裁になると、一転して緩和支持になり、マイナス金利、さらには長短金利操作という異次元の極みの政策に深く関与しました。

リフレ派エコノミストの重鎮、故中原伸之《なかはらのぶゆき》元日銀政策委員会審議委員は中国古典にも精通した才人で易占いが得意でした。

安倍さんが「中原さんの易は不思議なほど当たる」と気味悪がったのですが、雨宮さんについては、「あいつは鵺《ぬえ》だ」と、特有の言い回しでほめていました。

＊4　政策統括審議官
各省庁の官房に置かれている局長級の総括整理職。以前は「大臣官房総務審議官」の名称だったが、中央省庁再編で改称された。

●日銀での黒田総裁の役割

石橋　白川さんの後任で総裁に就任した黒田東彦さんは、財務省で財務官だった人です。安倍さんと親しいとされていますが、当然、財務省にも逆らえない立場だったはずです。
田村　日銀総裁になれるのは事務次官経験者だけ、というのが財務省のなかの不文律としてあります。
財務官上がりで総裁になった黒田さんは、財務省に多少は引け目を感じていたかもしれません。それだけ、財務省に気配りしていたのでしょう。

でも、それはあくまでも財務官僚のエゴであり、最優先すべきは、脱デフレです。脱デフレを推進するアベノミクスを壊す財務省の政策に同調すべきではなかった。

石橋 財務省としても、黒田さんを利用して安倍さんを動かす思惑はあったかもしれません。

田村 それは、あったはずです。

前にも話しましたが、消費税を五パーセントから八パーセントにするとき、最後に安倍さんの背中を押したのは黒田さんでした。

黒田さんは、「もし、予定通り消費税の増税に踏み切らないと、日本国債暴落という『テールリスク』に見舞われる恐れがある。万が一そうなった場合、日銀としては打つ手がなくなる」と安倍さんを脅したわけです。

「テールリスク」は隕石が地球に衝突するといった程度の確率ですから、冷静に考えれば気にする必要がないほどの確率です。ためにする子供騙《だま》しのような理屈です。

それでも安倍さんは、黒田さんを信用していたので、消費税率の引き上げを実行するわけです。

私はそのとき、黒田総裁は安倍さんを裏切った、アベノミクスを台無しにしてしまうと懸念しました。心配した通りになりました。

石橋 八パーセントにしたときは、そうでした。

しかし、一〇パーセントにするときには、黒田さんは財務省の意向通りに動けなかったのではないでしょうか。

田村　黒田さんの説得に負けて、安倍さんは消費税率を八パーセントにします。それで、景気がガクンと沈みました。

アベノミクスが失速してしまうわけで、安倍さんは黒田さんに腹を立てていました。「話が違うじゃないか」と、黒田さんにさかんに文句を言っていたという話を聞いたことがあります。

石橋　安倍さんに怒られて、それで黒田さんは消費税一〇パーセントにするときは動けなかった、というわけですか。

田村　ところが、黒田さんは動いています。

さすがに、テールリスク論で説得できるとは思わなかったらしい。そこでやったのが、マイナス金利です。

二〇一六年一月二九日に日銀は、マイナス金利政策の採用を発表します。実施は、二月一六日からでした。

マイナス金利というのは、市中銀行が日銀に預けている当座預金の金利をマイナスにすることです。つまり、市中銀行が日銀に金利を支払うことになります。

それでも、一般の預金者が銀行に預ける場合の金利がマイナスになるわけではありません。

日銀当座預金というのは、日銀による市中銀行への資金供給のプラットホームです。市中銀行間の資金過不足の調整、つまり相互融通は短期金融市場である無担保翌日返済のコール市場

（一六六頁＊5参照）で行われますが、金融の元締めである日銀の当座預金の金利が短期金融市場の基準レートになるわけです。

コール市場では一般的には資金需要が少なくカネがあまっている地方の金融機関が、資金不足に陥りがちな都市銀行に融通することで、カネの流れを円滑にする役割を持っています。マイナス金利になれば、コール市場でカネを回せば収益を上げられるから、中小企業や家計に貸さなくてもよいという金融機関は経営が困難になります。

日銀はこうして短期金利をマイナスに誘導できるのです。

だからといって、現実に市中銀行が家計や企業に対してマイナス金利でカネを貸すわけではないし、家計や企業が銀行預金をして金利を払うことにはなりません。

理論上は「銀行があなた方に金利を払うからカネを借りてくれ。そのかわり、あなた方が銀行にカネを預けるなら金利をいただきますよ」という世の中が出現しそうですが、まさに、「不思議の国のアリス」が迷い込んだ倒錯の世界、「鏡の間」のようです。宇宙船の無重力の狭い空間ならいざ知らず、地球上でみんなが逆さまになって歩いて暮らせるはずはありません。

ともかく、市中銀行はマイナス金利で日銀にカネを預けたり、コール市場で運用するよりも、超低金利でもよいから企業に貸し付けたり、住宅ローンに回したほうが儲《もう》けられます。

石橋　日銀に預ける分を融資に回せば、それだけ世の中に資金が流れ込むことになります。

田村　銀行が超低金利でどんどん貸し出しを行い、企業の生産や設備投資を後押しすれば、有効需要（カネの裏付けのある需要）が拡大するので、アベノミクスで掲げた「消費者物価の前年比上昇率二パーセントの『物価安定目標』」の実現に貢献するはずです。

それでも、マイナス金利となると本来はプラス金利を前提にして収益を上げる市中銀行の反発を買います。カネあまりでコール市場頼みの地方の金融機関はもとより、日銀当座預金に依拠するメガバンク然りです。

白川さんに代表される伝統的な日銀マンは天下り先でもある市中銀行の健全経営を最重視しますから、マイナス金利には猛反対でしょう。

しかしながら、異次元緩和支持に回った雨宮正佳さんらは日銀行内を説得してマイナス金利導入を受け入れさせたのではないかと思います。

財務省の増税路線を意識する黒田さんのほうは、マイナス金利で景気が上向けば、消費税率の引き上げもやりやすくなります。

財務省の意向に沿うために、マイナス金利を導入して、安倍さんに税率引き上げの決断を迫ったとも言えるのです。

石橋　なるほど、マイナス金利には、消費税率の引き上げを安倍さんに決断させる意図があったということですね。

消費税関連法案では二〇一五年一〇月に税率を引き上げることを明記していましたが、安倍さんは二〇一四年一一月に、二〇一七年四月までの延期を決めます。

財務省としては不満だったはずですから、どうにか引き上げを実現する環境を整えたかった。二〇一七年四月には、引き上げを絶対に実現したかったはずです。

その財務省の思惑に、黒田さんは協力していたことになります。

田村　ところが安倍さんは二〇一六年六月一日に、消費税率一〇パーセントへの引き上げを二〇一九年一〇月に延期することを発表します。

二度目の延期表明です。

石橋　黒田さんの作戦は失敗したことになります。

田村　それでも、黒田さんはあきらめていません。

二〇一六年九月の日銀金融政策決定会合では、一〇年物国債の金利が概ねゼロ・パーセントで推移するように買い入れを行うことで、短期から長期までの金利全体の動きをコントロールする「ＹＣＣ（イールドカーブ・コントロール）」を決めます。これも、世の中への資金流入を促すのが目的です。

マイナス金利にしたうえにＹＣＣまでやるのは、やりすぎだと当時の私は考えていました。黒田日銀は泥沼に入り込むぞ、とね。危惧《きぐ》した通りになりました。

これまで述べてきたように、中央銀行が直接コントロールできる金利は短期金利です。償還期間一〇年の国債金利（利回り）が標準となる長期金利は市場の需給に任されてきました。

何しろ、債券市場は巨大なのでさしもの中央銀行の手にあまりかねない。ＹＣＣは米欧では禁じ手と見なされています。中央銀行が長期金利を誘導目標に沿わせようとすれば、いつでも巨額のカネを刷って国債の売り買い（オペ）に出動する必要がありますが、まかり間違えると中央銀行の信用を危険に晒《さら》しかねないのです。

日本の場合でも国債は証券市場で株式を圧倒します。日本国債の一日当たりの売買高は二〇二三年六月で一八三兆円、株式売買四・八兆円の三八倍にも上るのです。

しかも、投機勢力が中心の外国の投資ファンドが国債市場の主役です。日銀がその取引金利を誘導することは至難の技です。

それでも、あえて黒田日銀が長期金利操作にのめり込んだのは、消費税増税を安倍さんにやらせたいという不純動機から、マイナス金利を導入したためです。

短期金利をマイナスにすると、短期、中期、長期という序列の市場金利の体系もそれに合うようにしなければなりません。短期金利がゼロ・パーセント以下なら、中長期金利は期間が長くなるにつれて上昇するというのが市場金利の秩序です。

金融機関はそれを前提に国債を売り買いします。起点の短期金利がマイナスならば、長期国債金利もそれに近い超低金利になるはずで、日銀が国債市場に介入して、そうなるように売り買いのオペレーションを行います。

ところが、何しろ国債取引規模が巨大なので、日銀の手にあまります。そこを投機勢力に突かれる。

日銀がいつまでも巨額の国債を一挙に売り買いし続けることは不可能ですから、投機勢力は日銀が示す長期金利の上限を崩す機会を虎視眈々《こしたんたん》と狙います。日本国債をほかの金融機関から安い元本相場で借りてきて、売り浴びせ、元本相場が急落し、上限金利が高騰すればぼろもうけできるのです。

アベノミクス開始のころ、日銀は前年比で八〇兆円規模の国債を買い増ししたのですが、国債発行残高に対する日銀保有の比率は、YCC導入時の二〇一六年九月には四割を超え、そのまま行けば間もなく五割を超える勢いでした。

すると「国債市場は官製市場なのか」などとの批判が湧き上がりますから、日銀も焦ります。それで日銀は国債買い増しを手控えざるを得なくなる。そして国債相場を動かす力が弱くなります。すると、投機が勢いを増す。それに押された日銀は長期金利の誘導上限金利を修正し、上げざるを得なくなってしまいます。

投機勢力はそこにつけ込むという悪循環が起きてしまったのが、二〇二二年末から二〇二三年の「YCC騒動」なのです。

そもそも、消費税増税をしなければ、当初の見込み通り、脱デフレは数年間で達成のメドが立ち、異次元緩和も終了できたはずです。

黒田さんは安倍さんに増税をやらせて脱デフレを不可能にしたばかりか、弥縫策《びほうさく》のマイナス金利とYCC導入で日銀を泥沼にはまり込ませた。

辛口すぎるかもしれませんが、私は黒田日銀の業績については、二〇一六年以降はまったく評価できません。

石橋　景気は上向かなかったわけで、財務省や黒田さんの思惑ははずれたと言えます。消費税率が一〇パーセントになるのは二〇一九年一月でした。安倍さんは延期の期限を守ったことになります。

安倍さんが三度目の引き上げ延期を口にしなかったのは、二〇一八年から二〇一九年にかけて景気がよくなってきていたからです。

それが、黒田さんの金融政策の効果だったのかどうかは、わかりません。

ただ、海外から日本を訪れる外国人旅行者、いわゆる「インバウンド」によって、かなりのおカネが入ってきました。

二〇一九年のインバウンド消費額は四兆八一三五億円と推計されています。消費税二パーセント分の税収に匹敵する金額です。

田村　景気が上向いてくれれば、消費税率を上げても問題はない、と安倍さんは判断したことになります。

●消費税一〇パーセントは憲法改正の布石だった

石橋　安倍さんが三度目の引き上げ延期を口にしなかったのは、財務省との軋轢《あつれき》を深めたくないと考えていたからでもあります。二度も延期していることもありましたが、財務省を味方につけておきたい理由がありました。

田村　それは、かなり興味深い。

石橋　安倍さんは、自民党総裁任期の二〇二一年九月までに憲法改正を国会で発議する構えでした。二〇二一年の通常国会は憲法改正一色になるはずでした。

田村　いつ公明党が連立を離れるかわからないし、やれるときにやっておこうと考えるのは当然です。

石橋　憲法改正は、二〇一五年に成立させた平和安全法制どころではない戦後最大の政治課題です。これをやるには、政府・自民党の政争の芽を摘んでおく必要があります。

いつまでも消費税で揉めているわけにはいかないと判断したんでしょう。一〇パーセントに上げさえすれば、財務省も協力的になるはずですし。

安倍さんは衆参三分の二以上の賛同を得て憲法改正を発議したら、自らは電撃退陣する腹づもりでした。

田村　憲法改正が、そう簡単にいったでしょうか。

石橋　自民党、公明党に日本維新の会や国民民主党を加えれば、衆参ともに三分の二は優に超えます。

安倍さんは発議までは不退転の決意でやるつもりでした。そのために自民党総裁任期を二期六年から三期九年に延長したのですから。

ただ、国民投票はもっと難しい。タカ派のイメージが強い安倍さんが首相のまま国民投票を実施すれば、憲法改正の是非ではなく、安倍政権の是非を問う形となり、立憲民主党や左翼メディアは徹底的な「反安倍キャンペーン」を繰り広げたはずです。否決される可能性も十分あります。

だから、発議後に電撃退陣して、リベラルな岸田さんに首相の座を譲ろうと考えたのです。

憲法改正といっても、その中身は、憲法第九条の一項、二項はそのまま残し、自衛隊を明記するだけです。

安倍さんが退き、岸田さんに代われば、国民も左翼メディアの護憲キャンペーンに流されず、冷静に判断してくれるはずだと考えたのです。

田村　実際には安倍さんの後継は菅義偉さんになります。

石橋　二〇一九年暮れに中国・武漢市で見つかった新型コロナウイルス禍が世界を襲ったからです。

これで二〇二一年の憲法改正は極めて難しくなった。加えて安倍さんは持病の潰瘍《かいよう》性大腸炎を悪化させ、二〇二〇年九月に退陣してしまいます。
それまで菅義偉さんは、首相への意欲を微塵も示すことはなかったのですが、「安倍さんのあとを継いで新型コロナ禍の難局を乗り越えることをできるのは自分しかない」と腹を固めたようです。
菅さんは岸田さんのことをまったく評価していないので「彼には無理だ」という思いもあったようです。

田村　二〇一九年一〇月の消費税率一〇パーセントには、そういう裏があった。経済問題ではなく、政治問題ということですね。

石橋　まさに政治スケジュールの問題です。
税は、内政で最大の政治課題です。憲法改正と同時進行は無理です。
財務省は実態経済に疎いだけでなく、政治スケジュールについても思慮が浅いため、増税をゴリ押しして失敗するのです。

田村　新型コロナがなければ、憲法改正が行われて、安倍さんの次の首相は岸田さんになっていたことになります。

石橋　安倍さんは長いスパンで政治スケジュールを立てて動く人でした。
平和安全法制や憲法改正などの政治課題は、自分の自民党総裁任期から逆算していつやるかを決めていた。そのうえでいつ衆院を解散するかなど、ほかの政治日程を決めていくのです。

財務省はそれを理解せずにあの手この手で増税日程を挟み込もうとするので、安倍さんを怒らせるのです。

田村　財務省もしたたかでしたよ。

一回目の消費税率引き上げの延期のときに、消費増税法[*5]を改定しています。景気条項を外して、景気を理由にした引き上げ延期は、簡単にはできないようにしました。だから、安倍さんも三度目の延期は困難だったとも言えます。

二〇一九年当時はインバウンド効果はあったにしても、デフレ圧力は強かったのです。だから私は三度目の延期を主張しました。

するど、財務次官の岡本薫明《おかもとしげあき》さんが私と議論したいといって、二〇一九年五月、産経本社にやってきた。それほど財務省も必死だったのです。

石橋　なるほど。安倍政権は財務省との闘い一色だったと言えます。

ところが、岸田さんは、安倍政権の中枢にずっといたにもかかわらず、安倍さんの政策の優先順位も、政治スケジュールもさっぱりわかっていなかった。安倍さんと財務省との軋轢もよく理解していなかったのでしょう。

田村　安倍さんにしてみれば、腹立たしい限りでしょう。

石橋　菅政権では、安倍さんは政権のやっていることに口を挟むことはほとんどありませんでした。悠々自適モードだったとも言えます。

岸田政権も、発足したころは安倍さんも好意的でした。ところが、二〇二一年一〇月の衆院選挙後の内閣改造で、外相を茂木敏充《もてぎとしみつ》さんから林芳正さんに変えたころから不信感が芽生えます。

安倍さんと林さんは親の代から地元の下関市で争ってきた間柄で、しかも林さんは自民党きっての親中派なので、安倍さんからすれば「喧嘩《けんか》を売っているのか」となるわけです。でも岸田さんは何を怒っているのかわからない。

財政健全化本部もそうです。安倍さんは「反アベノミクスに舵《かじ》を切った」と受け取りましたが、岸田さんはそれに気付かない。恐らく鈍感な人なんでしょう。

＊5　消費増税法

民主党政権下の二〇一二年八月に成立した、消費税率を段階的に一〇パーセントまで引き上げ、増収分を社会保障の財源にするとした法律。

第六章　財務省とアベノミクス

●アベノミクスで景気は上向いた

石橋　アベノミクスに対して、財務省はどんなスタンスだったのか、田村さんの意見を伺いたいと思います。

田村　アベノミクスの異次元金融緩和策では、財務省理財局が管轄する国債をどんどん買うわけです。

新規発行されたものを直接買うわけではなくて、マーケットから買うので、国債相場は安定します。そこに関しては、財務省も文句は言えなかったはずです。

ただ、アベノミクスは財政出動が基本にありますから、健全財政という名の財政規律を乱されることには用心していたはずです。

そういう声が表面的にあったかどうかは私も確認していませんが、内心では「財政規律はどうしてくれるんだ」と考えていたはずです。

石橋　法人税を、安倍政権では三回引き下げています。

二〇一五年度に二五・五パーセントから二三・九パーセントに引き下げ、さらに二〇一六年度の税制改正で二三・四パーセントに、二〇一八年度に二三・二パーセントに引き下げることを決めました。

これに財務省は怒っていました。税収が減って財政健全化が遠のく、というわけです。

しかし実際は、税収は上がっています。納める税金が減った分を企業は実業に回して業績が上がったために納める税金も増えた、ということになります。

田村　財務省が文句を言う筋合いではないですね。

まず、法人税率引き下げは消費税増税とセットです。一般社団法人日本経済団体連合会（経団連）は「消費税増税に賛同する代わりに法人税率引き下げをせよ」と迫り、財務省はそれを呑んだのですから、文句は言えないはずです。

問題なのは経団連の謂《い》わば約束違反です。法人税率引き下げの大義名分は、国内への投資促進です。「日本の法人税の実効税率は欧米など諸外国に比べて高い。したがって日本企業は税率の低い海外に投資する」という理屈を経団連は並べ立てていたのです。

安倍さんはその言い分に耳を傾けたし、財務省はこれ幸いとばかりに、消費税増税とのバーターとしました。

ところが、いざ減税してしまうと、経団連企業はその言い分をまったく忘れたかのように、相変わらず海外投資を優先し、国内には振り向けない。税率が下がって増える税引き後収益も内部留保に回してしまう。

企業各社の経営判断は尊重するとしても、総資本の代表機関である経団連には各社に対し国内投資積極化を求める道義的責任があったはずです。

財界に限らず、政界、官界、学界、言論界の多数派に共通して言えるのは、財務省の路線に疑問をもたずに容認してきたことです。

財務省が絶対視している財政健全化、つまりプライマリー・バランス（ＰＢ）黒字化について、財務省は達成のためには消費税増税や歳出削減が必要と説いてきました。

真っ先にその説を真に受けたのが橋本龍太郎政権です。橋本さんは一九九七年度にプライマリー・バランス黒字化目標を歴代の政権で初めて導入し、消費税増税、大幅な歳出削減、そして社会保険料の大幅引き上げと緊縮三点セットを断行しました。

その結果起きたのは、激しいデフレ不況ばかりではありません。以来、財政赤字も急増し続けたのです。

平成バブル崩壊後、デフレ圧力が生じているときにプライマリー・バランス黒字化という緊縮路線に踏み出したのですから、当然の帰結です。

増税しても税収は落ちる、景気が悪いからあわてて与党は大型補正に走るのですが、効き目は悪い。その結果、財政収支は悪化するのです。

それはデータでもはっきり証明できます。

私は、二〇一二年の春ごろ、産経を訪ねてきた財務省主計局、主税局の審議官ら四人の財務官僚と会ったことがあります。彼らの目的は、消費税増税のキャンペーンです。

私は急遽《きゅうきょ》、役員会議室に呼ばれて応対しました。その場でグラフデータを示し、プライマリー・バランス目標、消費税増税の一九九七年度以来、財政の悪化が急速に進んでいると指摘したら、全員が黙ってしまいました。

財務官僚は不都合な真実を突きつけられるとただ、無視するのです。

安倍さんは恐らく、消費税増税やプライマリー・バランス目標の危うさを知っていたのでしょう。

しかし、プライマリー・バランス黒字化至上主義に染め上げられている与党の勢力を前にして、『回顧録』でも触れているように、財務省を押し切るだけのポリティカル・キャピタル（政治的基盤）が不足している状況では身動きがとれません。だから、安倍さんはプライマリー・バランス黒字化の目標を降ろさず、目標年次の先延ばしで妥協したのだと思います。

具体的には二〇一八年六月、二〇二〇年度としていたプライマリー・バランスの黒字化目標を二〇二五年度と、五年後に先送りさせました。

財務省にとっては、プライマリー・バランス黒字化という看板は下ろさずにおけば、毎年度黒字化目標という縛りを各省庁にかけられるので、延期は次善の策なのです。

そして、安倍さんは二〇一八年一〇月、二度延期した第二次消費税率引き上げについて、翌年一〇月実施を決断します。そのときは四年以上経って、経済状況は第一次消費税増税ショックが薄れていたわけです。

しかし、私は、まだデフレ圧力は強い、増税はデフレ不況を再びもたらすだろうと見ていました。

石橋　景気が上向こうとしていたのは事実でした。

それが新型コロナになって支出が多くなってしまい、収支の状況がおかしくなるわけです。

田村　中国武漢発の新型コロナ・パンデミックは二〇二〇年三月ですね。それは安倍さんの責任ではありません。

増税実施を決断したのは二〇一八年秋ですが、そのころ景気については、内閣府が「拡大基調にある」との報告を毎月出していました。しかし、消費動向は弱いままで、外需が落ちれば不況になるリスクがありました。

案の定、二〇一九年一〇月に消費税率を引き上げた途端に、消費者の足が止まりました。このとき、西村康稔《にしむらやすとし》経済再生担当相はさかんに暖冬のせいだと弁解しましたが、間違っていました。内閣府自体が、景気は二〇一九年夏ごろから下降局面に入っていたことをあとで認めたのです。財務省の影響下に置かれている内閣府の判断の甘さにはあきれます。

となると、コロナを待たずとも、やはり消費税増税は悪いタイミングだったことになります。

そして、コロナ禍ということで、安倍さんは積極果敢に財政出動を決断しました。

石橋　支出が増えました。ただ、それまで安倍さんは積極財政と言っていましたが、財政支出はさほど増えていません。

田村　第二次安倍政権の財政は、コロナ前まではおおむね緊縮気味でした。

アベノミクス当初の二〇一二年一二月以降から一年あまりは積極財政だと言えますが、二〇一四年度は消費税率大幅引き上げに加え、大幅な財政支出削減を実行し、せっかく回復のはずみがついた二〇一三年度の景気を失速させました。

それ以降の財政はほぼ中立、これは民間から吸い上げた税収相当額は財政支出で全面的に民間に還流させるという意味においてです。税を民間に戻さず、国債の償還に回すことは、実質的には緊縮財政ということになり、民間の所得を奪うから、当然のようにデフレ圧力が高まるのです。

石橋　ただ、二〇二〇年になり、新型コロナウイルス禍が日本を襲うと飛躍的に財政支出は増えました。特別定額給付金として一律一〇万円を給付したり、飲食店に休業支援金などを払いました。

でも、もしあの時期に財政出動をしなければ、中小・零細企業はバタバタと潰れ、街に失業者が溢れていたでしょう。政権も倒れていたはずです。

菅政権でも財政出動が続きましたが、その大きな要因が、ワクチン摂取でした。〝対策の一本足打法〟と揶揄《やゆ》されたりしましたが、ワクチン接種に頼るしかなく、「一日一〇〇万回接種」の目標を掲げていました。

菅さんとしては、それで本気度を示すつもりでした。

田村　たしかに菅さんの本気度は伝わりました。正しい政策だったと私も思います。

安倍さん、菅さんのコロナ対策での大型財政出動ですが、『日経』など多くのメディアの論説が「バラマキ」だと批判しました。しかし、これは経済に関して無知をさらけ出しているようなものです。

なぜなら、経済活動はカネの流れが細り、人の足が止まってしまえばすべて止まります。一律一〇万円の給付は家計の不安を和らげ、中小・零細企業への休業補償や補助は企業の倒産を防ぎ、雇用を維持します。

個人消費はコロナ感染の恐れがある限り、なかなか元に戻りませんが、コロナ収束ともなれば、それまで抑えられていた意欲が一挙に噴き出すのです。それをV字型景気回復の機会とするためには、何よりも雇用が維持され、飲食、宿泊、娯楽などサービス業が経営を続けていることが前提になります。

安倍政権、菅政権の大型財政はコロナ収束後の景気回復の土台をつくったと素直に評価すべきなのです。

言い換えると、非常事態のときは、家計や中小・零細企業に対し、ただちにカネをばらまくことが正しい。

「いや、給付には所得制限を設けるべきだ」という声もあるでしょう。しかし、そうした選別に時間をとられているうちに、事態はどんどん深刻化し、取り返しがつかなくなる恐れがあるのです。

安倍さんが一律一〇万円給付と決断したのは、それまでの財務省の財政健全化路線の呪縛を解き放ったという点でも評価されるべきです。

石橋　ワクチン接種の調整を担当していた当時の河野太郎行政改革相も「一日一〇〇万回接種は無理だ」と言っていたのですが、菅さんはバイデン米大統領やファイザーＣＥＯと自ら掛け合ってワクチンを確保し、協力を渋る日本医師会とも直談判で話をつけました。ものすごい馬力です。

一日一〇〇万回だと一ヶ月で三〇〇〇万人ですから、高齢者に一ヶ月半から二ヶ月で行き渡る計算です。

とにかく致死率を減らさねば国民の不安と不満は解消されず、経済も立ちゆかなくなる。菅さんはそう考えました。

ただ、菅さんが不幸だったのは、解散総選挙を打とうとするたびに新型コロナ禍に阻まれたことです。

就任して翌年の二〇二一年一月に解散しようと考えていましたが、第三波に邪魔されて実行できませんでした。三月下旬からは第四波、東京オリンピック・パラリンピック中には第五波と続いて、解散のタイミングを逸しました。

ワクチン接種が広がっていない第三波のときの新型コロナによる致死率は、二・四パーセントでした。新型コロナに感染した一〇〇人のうち二・四人が亡くなっていた計算です。かなり高い致死率です。

第五波はデルタ株といわれる最も強力な変異ウイルスで、感染者数は滅茶苦茶増えましたが、致死率は低くなっています。一〇〇万人が感染して、致死率は〇・三パーセントです。

もし菅さんがワクチン接種を推しすすめずに、第三波と同じ致死率だったとしたら二万四〇〇〇人がなくなっていた計算になります。

つまり、菅さんは二万人の命を救ったわけです。

寝る間を惜しんでコロナ対策に尽力した首相を、衆院任期満了が近いのに、支持率が低迷したままでは選挙戦で戦えないといって、引きずり下ろした自民党の体質には大いに疑問を感じます。

田村　新型コロナのワクチン接種は無料だったうえに、医者がワクチンを打つ報酬も引き上げを迫られたりして、かなり予算は増えました。

石橋　二〇二〇年度と二〇二一年度のワクチン接種事業で支出された額は四兆二〇二六億円です。最も規模が大きかったのがワクチン確保費用で、二兆四〇三六億円でした。

話を戻すと、大きな財政出動があったのはコロナ禍だけです。それまでは慎ましやかな財政出動しかせず、むしろ緊縮財政だったのです。

財務省は安倍さんが積極財政で無駄遣いしたと文句を言っているようですが、それは事実をねじ曲げています。

●様々な意味で衝撃だった「矢野論文」

田村　先に述べた通り、バラマキ批判をするマスコミが間違っています。歳出規模が増えたことだけを取り上げて、『日経』も『朝日』も騒ぐけれど、要するに、デフレ経済の真実を知らない記者や論説委員が書いているからです。

これらメディアを先導する財務官僚の考え方を代表するのが、二〇二一年七月から二二年六月まで財務次官を務めた矢野康治《やのこうじ》さんの『月刊文藝春秋　二〇二一年一一月号』の寄稿で、政界が〈ばらまき合戦〉を演じていると見なし、〈タイタニック号が氷山に向かって突進しているようなもの〉と、財政破綻を警告しました。

四半世紀以上にわたる日本経済のデフレをもたらしたこと自体が、財政健全化イコール財政収支均衡という財務省の教条主義の破綻を示すのですが、メディアはそこに気付かない。

そこで、矢野論文に掲載されている図版〈ワニの口〉について検証してみます。

次頁の図では、ワニがぽっかりと口を開けているように折れ線グラフが展開されています。Vの字が横になっているワニの口です。上顎《うわあご》側は一般会計歳出、下顎《したあご》側は一般会計税収です。

ワニの口について、矢野さんが同論文のなかで、〈私が平成一〇年ごろに〝ワニのくち〟と省内で俗称したのが始まりですが、その後、四半世紀ほど経ってもなお、『開いた口が塞がらない』状態が延々と続いています。〉と説明しているのには、笑ってしまいました。

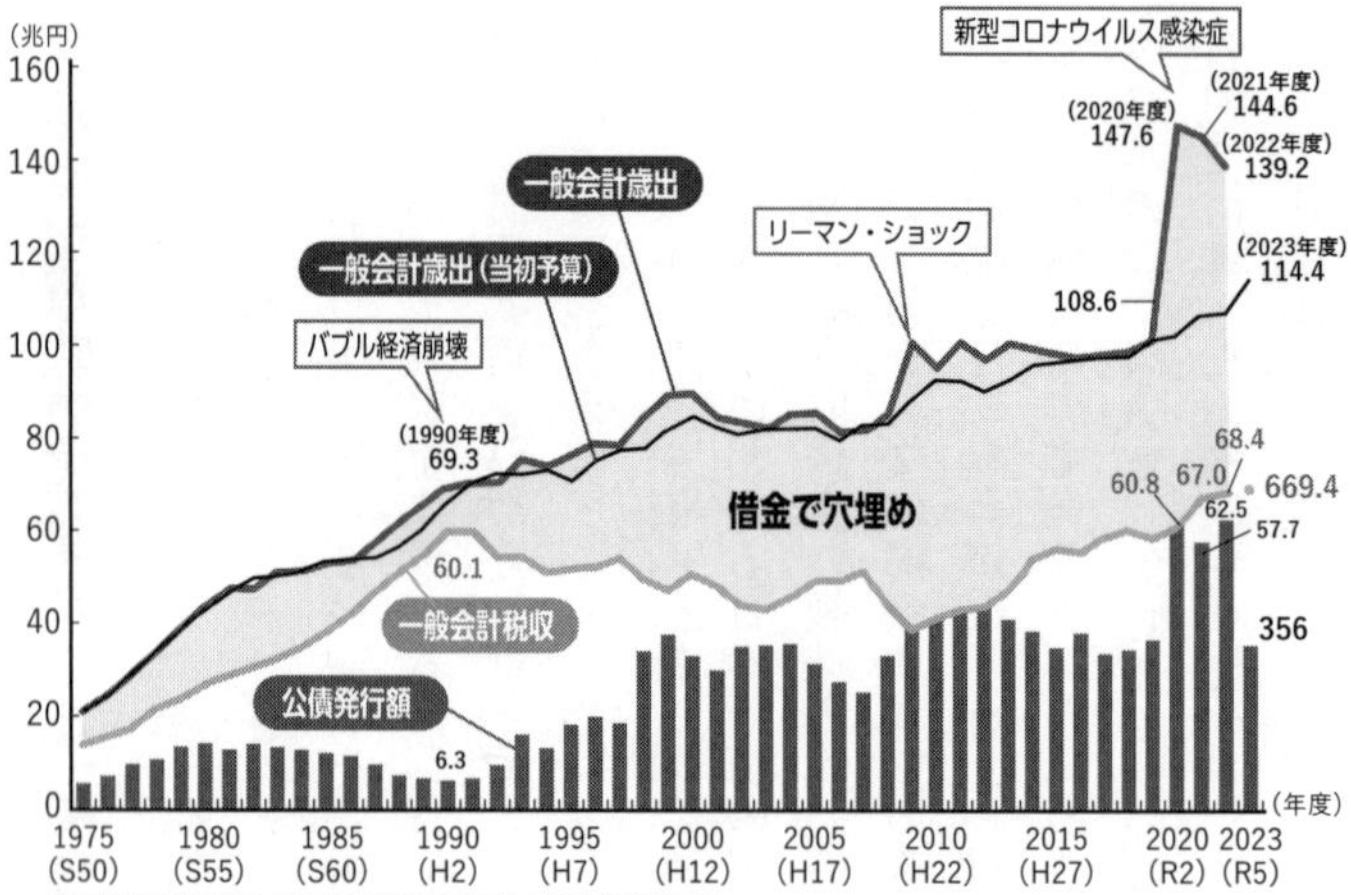

(注) 2021年度までは決算、2022年度は第2次補正後予算、2023年度は予算による。

出典:財務省キッズコーナー　ファイナンスらんど (https://www.mof.go.jp/kids/2018/qanda/q13.html) を加工して作成

まず、長年にわたって財研記者や各社の論説委員たちの脳内に刷り込んできたこの図は矢野さんの創作だったことを自ら暴露したことにです。

各新聞社の紙面で頻繁《ひんぱん》にこの絵が「財務省資料から」として引用されており、私はそのたび、財務省の誰がこんな子供騙《だま》しのような漫画を思い付いたんだろう、偏差値秀才集団の財務官僚が思い付くなんて、矢野さんに会う機会があったら訊いてみよう、と思っていたからです。

私は、矢野さんとはこの論文が出る前に幾度か会っており、財政均衡主義の誤りを目の前で論じたことがあります。でも、矢野さんがこの図を持ち出して真っ向から反論してきたことはありませんでした。

もうひとつ笑わされたのは、この図は財政状況を表す意味では擬態《ぎたい》、つまり騙し絵だということです。

財務省が金科玉条のごとく掲げるプライマリー・バランス論からも逸脱しており、上顎を無理やり上に向けさせ、文字通り開いた口が塞がらないように工夫していることです。

どういうことかというと、プライマリー・バランスというのは、国債関連の財政支出と収入を除外しています。つまり、上顎からは国債の償還費を除かなければならないはずですが、それを含めている。

国債償還費は毎年一七兆円程度で推移しています。では、この償還費を差し引いたらどうなるか。また、プライマリー・バランス論に立つなら、下顎は税収に税外収入を加えるべきですが、矢野さんは税収に限定しています。

これらの問題点はあとで述べるとして、まずは二三四頁の図版をよく見てみましょう。

一九七五年度から二〇二一年度までをカバーしています。そして、一九九〇年度までは税収が増え続け、口はわずかしか開いていません。一九九〇年度は歳出六九・三兆円、税収は六〇・一兆円、その差はわずか九兆円あまりです。

そのあとから税収、つまり下顎が下がりはじめます。平成バブル崩壊と一九九〇年代後半のデフレによるものです。前述したように、消費税増税、歳出削減等の厳しい緊縮財政を敷いた一九九七年度以降、さらに下顎が下がっています。上顎のほうは上がっていきます。デフレ不況対策のために歳出が増えているからで、口が開くのは当然です。

二〇〇一年度からの小泉純一郎政権時代は税収も歳出もほぼ横ばいでしたが、二〇〇八年度以降には再び口が開きます。リーマンショック、さらに東日本大震災が響きました。

そして、二〇一二年一二月には第二次安倍政権が発足し、アベノミクスが始まります。以降、歳出は新型コロナ・パンデミック勃発の二〇二〇年度の前まで、横ばいか若干下がり気味です。

それに対し、税収は増え続けます。つまり、二〇一九年度までは開いた口の幅が狭まったのです。

ところが二〇二〇年度にガッと開きました。当然ですね、コロナ禍です。

前述したように安倍政権は国家としてやるべき財政出動に踏み切っていたのです。二〇二〇年度は歳出一四七兆円台、税収は六〇兆円台、その差は八七兆円近い。そして、矢野図版〈ワニの口〉の最後のほうの二〇二一年度は、上顎一四四兆円台、下顎六七兆円台、差額は七七兆円あまりです。

この絵が騙し絵であることは、まず、バブル経済絶頂期の一九九〇年度の上下の顎の差の九兆円あまりと、三〇年後のコロナ禍時の差を読者に比較させるように仕向けたことに顕《あらわ》れています。

それを目くらましにしてアベノミクスの大半の期間の口の塞がり具合を目立たないようにしたことからも歴然としています。

欺瞞《ぎまん》はそればかりではありません。

先述したように、プライマリー・バランス原則を無視し、わざわざ国債償還費を含め、ワニの上顎をさらに引っぱり上げています。そして、下顎は国有財産売払収入、日本中央競馬会納付金、印紙収入（郵便局販売分）、日銀からの納付金など税外収入を除外し、微妙に引き下げています。

では、歳出から国債償還費を除いたワニの口はどうなのかを、政府の「中長期経済財政に関する試算」（二〇二三年七月発表）から見てみましょう。

二〇二二年度は上顎（債務償還費除く歳出）一二七・六兆円、税・税外収八九・三兆円で差額は三八・三兆円、つまり矢野図版〈ワニの口〉より一一兆円分も口が閉じることになります。さらに、政府試算では、この差額は二〇二二年度三〇・八兆円、二〇二三年度、一九・二兆円となり、口はますます閉じていくのです。

矢野図版が示す一般会計税収は、アベノミクス起点の二〇一二年度が四三・九兆円でしたが、毎年増収を重ね、コロナ禍最中の二〇二〇年度でも六〇・八兆円に上り、二〇二二年度は六八・四兆円に達したのです。

石橋　税収をここまで回復させた安倍政権に対し、矢野論文は何の恩義も感じていないどころか、ひたすらバラマキだと騒ぎ立てています。

田村　前にも指摘したように、いわゆる財政のバラマキをすべて悪いと決めつけるのは国家、国民の経済を支える財政とはどうあるべき、という財政の原点から大きく逸脱した財務官僚のドグマなのです。

矢野論文が非難しているコロナ禍の安倍政権、菅政権のバラマキがいまの税増収をもたらし、財務省悲願のプライマリー・バランス黒字化目標の二〇二五年度達成が視野に入ってきたことを財務官僚は前向きに、きちんと受けとめるべきなのです。

話を少し戻すと、矢野論文のような財務官僚式発想に騙されないためには、何よりも一般国民の利害を代表するメディアが財政の本来あるべき姿を見抜くことです。

基本的には、積極財政か緊縮財政かを判断するには、国債償還費を除いて考えなければなりません。経済は、政府部門と民間部門に分かれます。現代経済学の知見を代表するケインズは、単に「需要」とは言わずに、「有効需要」という用語を使いました。

有効需要とは、カネの裏付けのある需要ということです。政府が税を通じて民間所得を吸い上げても、その全額を民間に返還しないと、民間の有効需要は縮小します。つまりデフレ効果を生むのです。

これが緊縮財政です。積極財政はその逆で、政府が借金して先行投資し、民間の有効需要を増やすことです。

一般会計で考えると、公共投資、社会保障、防衛費、教育費などの事業経費の前年度比の増加があっても必ずしも積極財政とは言い切れません。

税および税外収入が前年度よりも増えているとしても、その増額分が事業経費増を大きく下回る場合は緊縮効果、即ち有効需要の萎縮効果をもたらします。

こうした緊縮の場合は、税収の多くを国債償還費に充当するわけで、その償還資金を受け取った銀行が企業や消費者向けの融資に充当しない場合、平たく言えば民間所得を蒸発させてしまいます。

景気が過熱している場合は、それを冷ます意味で、緊縮財政は有効です。しかし、デフレ圧力のもとでは、デフレ不況を招くのです。橋本デフレはまさにその産物であり、その後も慢性デフレが続いた最大の要因は緊縮財政にあるのです。

もちろん、白川日銀のように、デフレの最中なのに、金融緩和に背を向け、円高の高進を容認したのも、日本経済の空白を四半世紀以上も続けさせた元凶とも言えます。

メディアの大半は金融への不見識に加え、財政の大間違いに気付くどころか、支持してきたのです。

石橋　そうですね。しかも国債費の大半、三分の二は国債償還費です。

田村　二〇二一年度は一七兆円ですが、その前も、以降の見通しも同水準です。

石橋　経済のパイが大きくなったことで一般会計も増えているだけのことです。

新聞記者は基本的に勉強不足で、経済部の記者は財務省がつくったレジュメの通りに記事を書いているから、こんな体たらくになります。まぁ、政治部記者も偉そうに言える立場にはありませんが……。

田村　経済部記者や論説委員会の責任が重大です。財務省にレクチャーされて、そのまま書くから、おかしなことになる。

矢野論文でしきりに警鐘を鳴らす「財政破綻」についても、メディアはその定義をせずに財務官僚レクチャーを鵜呑《うの》みにします。

現代の資本主義は金融市場経済でもあります。財政破綻とは、市場で国債が買われない、あるいは買われそうにない状態に陥るときです。その場合、国債の元本相場は暴落し、長期金利が暴騰します。それと悪性インフレが同時並行で発生します。

国債とはその国の通貨価値を代表するので、物価が高騰します。円相場の崩落も起きるでしょう。

しかし、デフレ圧力が強いなかでは、通貨価値は保たれます。物価は下がり、円相場は高目の方向へ圧力が加わります。

異次元金融緩和と機動的財政出動を柱としたアベノミクスはこの圧力が続く状況下では、極めて合理的な選択なのです。

現に、アベノミクスの異次元緩和で、日銀が巨額の資金を発行し、年間で八〇兆円もの国債を買い増すことで、国債相場は超安定、国債金利もゼロ・パーセント前後まで下がりました。

この機に乗じて、積極財政に果敢に打って出て、数年間継続すれば、確実にデフレから脱出できたでしょう。

しかし、本格的な積極財政に転じたのはアベノミクス末期の二〇二〇年度以降で、それまではプライマリー・バランス目標に縛られて財政は制約されました。それでも、異次元緩和効果は超円高を是正し、輸出増進効果をもたらしました。輸出産業を中心に設備投資意欲も円安局面では盛り上がりを見せたのですが、長続きしなかった。

消費税増税によって有効需要に冷水を浴びせられたからです。

とはいえ二〇二〇年度、二〇二一年度の「バラマキ」によって国内生産は維持され、サービス業を中心に求人が増えていきます。非正規雇用の増加基調は以前とさほど変わらず、実質賃金の減少トレンドは止まりませんでしたが、求人倍率が急上昇し、賃金報酬総額も増え続けました。

これが、アベノミクスの最大の成果であると言えるでしょう。

石橋　新型コロナ対策で国債が大量に増えて、発行総額が増えたと財務省は恨んでいるかもしれません。でも、あの時期に対策をせねば、日本は沈没していました。

田村　間違いなく、たいへんな状況になっていたはずです。しかも、バラマキがコロナ収束後の急速な回復の道を切り開いたことになります。

石橋　日銀が国債を買い上げる量的緩和の意味が、新型コロナ前と後では違ってきています。

新型コロナ前は、金融市場で行われている銀行や生命保険会社の国債ディーリングの場で日銀が買い上げていました。しかし新型コロナ禍以降は、財政出動と組み合わせて国債を発行していっています。つまり、国債を発行して民間から資金を吸い上げたけれども、効果的な財政出動で民間に流したことになります。

特別定額給付金や雇用調整助成金なども実施しました。

この効果は大きく、新型コロナ禍でも飲食店が軒並み潰れるとか、街に失業者が溢れるという事態にならなかったわけです。日本経済を救ったのです。ああいう異常事態で財政出動せず、いつ財政出動しろというのでしょうか。

●回収を急ぐ財務省

田村　安倍政権、菅政権は新型コロナ渦で積極財政を展開し、財務官僚もほとんど抵抗できませんでしたが、岸田政権になると、財務省はコロナ禍時の出費分を取り戻そうとし、すでにかなりを取り戻す緊縮財政に転じています。

新型コロナが広まった二〇二〇年度だけで四六兆円くらいの財政出動をしたはずですが、翌年度からはジワジワと緊縮財政に転じています。

私が計算したところでは、二〇二二年度までには二七兆円は取り戻しているはずです。

石橋　税収が、かなり増えているからですね。

二〇二二年度の税収は七一兆円を超えて過去最高を更新し、二〇二〇年度から三年連続での過去最高です。

田村　アベノミクスのおかげです。アベノミクスで企業が業績を伸ばし、国民の生活も順調になって、納める税金が増えたからです。

増えた分はそのまま民間に戻すべきものです。それをやらないと、緊縮になってしまいます。

石橋　にもかかわらず、さらなる増税を、財務省は狙っています。

まだまだ税収を増やさなければプライマリー・バランスが黒字化しない、というわけです。

田村　法人税や所得税を上げるとなると、かなりの抵抗を覚悟しなければなりません。それが消費税なら簡単だ、と財務省は性懲りもなく思っている。

石橋　安倍政権のときに法人税を引き下げられたのを財務省は恨みに思っているようですが、安倍さんは「法人税を引き下げるから従業員の給料を増やせ」と、財界に条件を出していました。それが、税収入増にもつながっているわけです。

しかし、岸田さんは増税した先のことを見ていない。「法人税は上げるけど従業員の給料は増やせ」と言われて納得する経営者がいますか？

増税をタイムスケジュールに載せている財務省の言うままに動いているとしか見えません。

田村　小泉純一郎さんだって首相のとき、財務省に増税を迫られて、「ダメだ」と拒否しています。

財務官僚の言いなりになっていてはマズい、という感覚は真っ当な政治家なら誰しもあります。

財務省は増税という省是を持っていますから、政治家に工作するのは当然といえば当然です。それに関して、マズいと直感するというか、動物的な感覚を持つのは政治家として当然ですが、その感覚にいちばん乏しいのが岸田さんだと言えます。

石橋　財務省の言う通りに財政政策を展開すれば、景気が悪くなって日本経済をダメにしてしまいます。

それは過去に民主党政権が見本を示しています。民主党政権の財政政策は、すべて財務省がお膳立てしたものでした。

田村　「事業仕分け」が典型的な失敗例です。

国家の予算の見直しにおいて、事業が必要かどうかを判断して廃止・削減し、財源の捻出を図るのが目的でした。ただ、結果として混乱を招いただけで、財源を捻出するには至りませんでした。

石橋　事業仕分けでも「子ども手当」[*1]でも、その裏には消費税アップという財務省との密約がありました。

首相は鳩山由紀夫さんでしたが、権力を握っていたのは小沢一郎さんでした。財務省は元事務次官の齋藤二郎さんを通じて小沢さんを、うまくコントロールしていました。

途中で菅直人さんを中心とするグループで「小沢切り」が始まりますが、その菅直人さんも財務省の言いなりでした。

財政に関する知識がまるでなかったから、財務省を頼るしかなかったのです。

その財務省の言いなりに消費税の増税を掲げて、二〇一〇月七月の参議院選挙を戦うことになります。それで大敗して菅さんは退くことになり、野田佳彦さんが首相に就任します。財務省の言いなりになって大敗した結果を目の当たりにしていたにもかかわらず、野田さんも財務省の言うがままでした。

そして消費税率の引き上げにこだわって、衆院選をやるところまで追い詰められ惨敗してしまいます。それで民主党は政権を失いました。

財務省が思い通りに動かせたのが、民主党政権でした。

民主党政権では、一ドル七五円台まで円高が進み、日経平均株価は八〇〇〇円台に沈みました。製造業は競うように海外に逃げ出し、産業の空洞化が進みました。

東日本大震災や福島第一原発事故では、政府の対応は後手に回り、復興も遅れました。

財務省だけのせいではありませんが、財務省のシナリオ通りでは日本の景気はよくならないことを民主党は身をもって示したと言えます。

田村　そこを、きちんとマスメディアは伝えてこなかった。
だから、財務省に用心したほうがいいという意識が、国民には乏しかったのだと思います。

石橋　よく、私が譬《たと》え話としてすることがあります。
官邸に勇んで乗り込んでいって、「この政策をやりたい」と提言したとします。しかし、その政策を通すためには開けなければならない扉がいくつも立ち塞がっている。扉を開くには、いくつもの鍵を開けなければいけません。

その鍵束を持っている〝不思議な鍵ばあさん〟が、財務省です。

扉の前で途方に暮れていると、後ろから優しく「開けましょうか」と言って、扉を開けてくれるのが役割です。

郵政民営化にしても鍵ばあさんに鍵を開けてもらえたので実現したことです。

ただし、鍵ばあさんも、タダで開けてくれるわけではありません。「鍵を開けたお礼に増税してくださいね」とくるわけです。それが、財務省の手口です。

田村　まさに、宮崎駿監督の『千と千尋の神隠し』に登場する強欲な湯婆婆《ゆばーば》、銭婆《ぜにーば》というところでしょうか（笑）。いろいろな鍵を持っていて、それで政治家を取り込んで魔法にかけ、省是である増税を実現しようと、常に考えているのが財務省です。

石橋　第二次安倍政権のときには、不思議な鍵ばあさんが役割を果たせなかった。果たせないようにしたのが、安倍さんでした。そこで大きな役割を果たしたのが、菅義偉さんです。

菅さんが、扉を開ける鍵束を自ら握ったからです。

外交とか安保とか安倍政権下でも政治力を問われる課題がありましたが、安倍さんはけっこう雑な人だったから（笑）、自分で緻密な作業の末に扉を開けるようなことはやりません。

代わりにやったのが、菅義偉さんでした。知恵袋的な役人を何人も味方につけ、彼らの力を借りながら、扉を開けていきました。不思議な鍵ばあさんの力を借りなくてよかったわけです。

そして、「税金を上げろ」という鍵ばあさんの要求に応える必要もありませんでした。

田村　財務省としては、なおさら安倍さんが憎いわけです。自分の出番をなくされて、省是を実現するチャンスも封じられてしまった。

石橋　その恨みが、安倍批判になっていくことになります。

安倍批判やアベノミクス批判を、いろいろなメディアが異口同音に書き立てましたが、そのネタ元は同じところだと、私は見ています。鍵ばあさんだろう、と。

＊**1**　子ども手当
一五歳以下の子供を扶養する保護者等に給付金を支給する制度で、民主党政権下の二〇一〇年四月一日から実施された。野田佳彦内閣の二〇一二年四月一日から施行以前の児童手当の名称に戻されたが、支給年齢や所得制限の有無などで以前の児童手当とは異なる。

●学者も財務省の言いなり

田村　学者も、財務省のシナリオに乗せられています。

東日本大震災の復興構想会議で議長だった五百旗頭眞《いおきべまこと》さんは、政治学者で経済のことは何もわかっていない人です。最初の会議のあとの記者会見だったと思いますが、五百旗頭議長はいきなり「復興増税」を示しました。

会議メンバーに訊くと、ほとんど議論していなかった、事務局に入り込んだ財務官僚が言わせたとのことです。まず、「復興増税ありき」を印象づけたわけです。

石橋　学者にとっては、財務省を味方につけておくとありがたいのです。

「これに関する資料が欲しい」と要求すれば、カラー刷りの分厚い資料をそろえてくれます。あの資料の整理・分析能力は本当にすごい。

うまくいけば、天下り先も斡旋してもらえるし、講演なども斡旋してくれる。国際会議にも呼んでくれる。

それもあって、財務省の言いなりになる学者は少なくありません。

田村　東大の教授に聞いたことがありますが、学者としていちばん気にしているのは予算だそうです。学術予算です。

文部科学省の管轄ですが、大本《おおもと》を握っているのは財務省なので、逆らえない。文科省の役人には、財務省に不都合なことを論じたような学者には「そんなことを言ってよいのですか」と露骨に言ってくる人もいると聞いたことがあります。

石橋　財務省が強いのは、執行機関を抱えているからでもあります。国税庁は財務省から独立していても問題ない機関ですが、財務省は絶対に手放さない。国税庁の捜査能力は卓越しています。脱税は最終的には地方検察庁が立件しますが、調査や証拠収集などほとんどを国税庁がやります。実態は、国税庁が起訴までもやっているようなものです。この執行機関を持っているのは強い。

マスコミにも定期的に税務調査は入ります。産経のような借金だらけのところに入っても税金はとれないだろう、と思うのですが、それでも定期的にくる。

ある意味、プレッシャーになっているのは事実ではないでしょうか。

田村　明確な証拠は見つかりませんが、財務省批判をしない、したがらない学者、新聞社が圧倒的に多いのだけは厳然たる事実ですね。

●世襲批判は正しいのか

石橋　日本人のエリート信仰は根強く、その意味で財務官僚はリスペクトされてきた存在だと思います。ただ、状況が変わりつつあると感じています。

財務省の言いなりの記事は、すごく評判が悪い。

それに大手新聞社も戸惑っている状況が、ここ数年で起きている現象です。以前なら、そういう状況にはならなかった。

田村　各社の論説がいちばん酷い。あからさまに、財務省の言いなりのまま書いている、しかもそれが当たり前だと、脳内がバカの壁に包まれているから、批判にも反応しない。

石橋　その意味では、政治家も財務省の言いなりになっていると、国民から手酷いしっぺ返しを受けることになるはずです。

とりあえず、財務省頼りの体質を抜けだして、税財政について基本的な知識を身につけなければなりません。

財務省は政治家に巧妙に近づいてきます。にこやかに「ご説明に伺いました」などと言って事務所を訪れ、ジワジワと洗脳していくのです。

それが、通用しなくなる時代が来ているということです。財務省に教えられた通りに発言すれば、選挙で落選するのですから。

安倍さんは、民主党を反面教師にして、財務省の言っていることはおかしいと強く感じるようになりました。

田村　たしかに日本のデフレを一層酷くしたのは、民主党政権でした。

安倍さんの功績は、財務省の言うことを鵜呑みにせず、自分の頭で考えたというところです。それで、新型コロナ禍になって、財政と金融の両輪で見事な政策を打てた。安倍さんが財務省に頼っていたら、日本はいまごろ、とんでもなく悲惨な状況になっていたはずです。

石橋　新型コロナで、日本は沈没していたかもしれません。

田村　もはや「財務省の言いなりになっていたらたいへんなことになる」と多くの人が気づきはじめていると思います。

「政治家であれば、安倍さんをすべて真似ろ」とは言いませんが、政治の目的は何だということ、原点をもう一度考えなおしてみるべきです。

財務官僚の言いなりになっていたら政治の目的を達することはできないし、政治家の本当の役割を果たすこともできない。そのことを、自分の頭で考えるときに来ている。

石橋　二〇一二年暮れに安倍さんが民主党から政権を奪還したあと、自民党は衆院選四回、参院選四回ですべて勝利しています。二〇二一年の衆院選で自民党は二六一議席を獲得しましたが、選挙区で当選したのは一八九人で、残りは比例代表です。その八割近くは選挙区で落選した比例復活です。

つまり、選挙区で立候補した自民党議員はほとんど落選していない。そういう選挙が四回も続いてきたわけです。

そんな議員が当選回数だけは重ねるのだから、出来の悪い議員も淘汰されない状況が続いてきたわけです。自民党全体の質はジワジワと劣化します。

田村 ただ、自民党のすごいところは、議員になっても勉強させるところです。

野党側は新興勢力を含め、相変わらずピンポイント式、行き当たりばったりで、体系立てて政策を考えていない。それが国民大多数の賛同を得られない理由です。投票箱の前ではたっと迷った挙げ句、選択肢は自民党しかないとかね。

石橋 それは自民党の強みです。自民党議員は早朝から党本部の部会などで猛烈に勉強します。まるで予備校のようです。ここで社会の現状や政策について学び、ディベート能力を高め、会議の収拾の仕方を学ぶわけです。

ただ、政策や法案を教える（ご説明する）のは基本的に官僚ですから、洗脳も受けやすい。しかも予備校と違って出欠をとるわけではないので、熱心な政治家とそうでない政治家の差も広がる。

野党が政権を取っても政権運営できないのは、学び舎でもある政務調査会が機能していないからです。

田村 世襲議員も増えています。

石橋 世間的に、世襲には強い批判があります。世襲の是非については自民党内でも常に議論があります。

世襲議員は「看板（ネームバリュー）、地盤（地元後援会）、カバン（政治資金）」の三バンを最初から持っており、初当選から圧倒的に有利です。

ただ、三バンがモノを言うのは三回生くらいまでで出来の悪い政治家は消えていきます。世襲を完全否定できないのは、安倍さんや元蔵相の中川昭一さんのように保守政治家としての政治的使命を持って政界入りしている議員がいることがあります。父親の背中を見て育っているので政界の厳しさもよくわかっている。世間の目もあるので、政策もよく勉強している。安倍さんの場合は、父、安倍晋太郎《あべしんたろう》さん以上に祖父、岸信介《きしのぶすけ》さんの存在が大きかったと思います。

一方、菅義偉さんや萩生田光一《はぎうだこういち》さんのような叩き上げの政治家も自民党の底力であり、欠くことはできない。

要は世襲と非世襲のバランスであって、どちらであっても出来の悪い政治家は時を経ずに消えていきます。

田村　世襲だと、選挙の心配も、資金の心配もない。それだけ時間ができるので、政策について勉強する余裕があります。せっかく余裕があっても、勉強しないのでは何のメリットにもなりません。世襲でも、そこに大きな違いが生まれると言えます。

石橋　安倍さんは、先代の安倍晋太郎さんが亡くなってから選挙に出ています。晋太郎さんが亡くなったのは一九九一年で、安倍さんが初当選するのは一九九三年の衆院選でのことです。日本新党の細川護熙《ほそかわもりひろ》さんが首相となる連立政権が誕生したときですから、安倍さんは野党議員として政治家生活をスタートさせたわけです。

中川昭一さんも父で元農相の中川一郎さんが一九八三年に亡くなり、同年の衆院選で、初当選を果たしました。

ふたりとも父親の死後に政界入りしたので、厳しい選挙を戦ってきたわけです。

ですから、先代が存命中の世襲とは区別すべきでしょう。先代が存命の世襲議員はどうも芯がないように思えます。

私は世襲かどうかは大した問題ではないと思います。それは選挙区の有権者が判断すればいい。

老舗《しにせ》も現店主が無能だったら潰れます。

大切なのは、苦労して政治家になったのなら、大きな志を持ち、その実現に向けて努力できるかどうかです。志がしっかりしていれば、財務官僚らに利用されることもないでしょう。

第七章 財務省と岸田首相

●岸田首相への失望と不満

石橋　安倍晋三さんが凶弾に斃《たお》れたのは二〇二二年七月八日のことでしたが、あのころ私は、頻繁《ひんぱん》に衆院第一議員会館一二階の安倍事務所を訪ねていました。

亡くなる数ヶ月前から、安倍さんは岸田さんへの失望と不安を深め、「やっぱり岸田さんではダメだな。宏池会《こうちかい》はどうも感覚がずれている」と明言するようになっていました。

恐らく、次期自民党総裁選を待たずに引きずり下ろそう、と考えていたと思います。

田村　引きずり下ろして、自分が再度、総理・総裁に復帰しようとしていたのでしょうか。

石橋　そのつもりだった。そう確信しています。

二〇二一年一一月に中国共産党は六中全会[*1]（中国共産党中央委員会第六回全体会議）を開き、習近平国家主席が二〇二二年一〇月から中国共産党総書記を続投することを決めました。総書記の任期は二期一〇年が慣例となっているので三期目は異例です。六中全会では、毛沢東、鄧小平に続く歴史決議を採択しましたが、内容は明らかになっていません。

しかし、習近平は、二〇二一年七月の中国共産党創立一〇〇周年祝賀大会で「台湾問題を解決し、祖国の完全な統一を実現することは中国共産党の終始変わらぬ歴史的任務」と発言しており、二〇二七年の総書記三期目の任期までに台湾統一に動く公算が大きいと見られています。

米インド太平洋軍のデービッドソン司令官が二〇二一年三月の米上院公聴会で「今後六年以

内に中国が台湾を侵攻する可能性がある」と証言したのも同じ理由からです。

安倍さんは「台湾有事は目前に迫っているのに、果たして岸田政権で対応できるのか」と考えていました。台湾有事が起きれば、南西諸島を含む東シナ海も戦闘海域になる公算が大きい。南シナ海が海上封鎖され、日本の生命線である「バシー海峡―南シナ海―マラッカ海峡―インド洋」というシーレーンが使えなくなる可能性もある。

安倍さんがこの時期に、敵基地攻撃能力（反撃能力）を含む防衛力増強を訴え、「台湾有事は日本有事だ」と明言したのはこのためです。核共有[*2]（ニュークリア・シェアリング）の議論の必要性まで踏み込んでいます。

にもかかわらず、岸田さんの反応は鈍かった。二〇二二年暮れには国家安全保障戦略など防衛三文書の改定を控えていましたが、岸田さんは六月に安倍さんの首相秘書官を務めた島田《しまだ》和《かず》久《ひさ》防衛事務次官を退任させてしまった。

安倍さんは滅多に声を荒げることはありません。でも怒ると早口になります。島田さんの事務次官退任を聞いた直後は、猛烈な早口で岸田政権を批判していました。それほど怒りが大きかったということです。

二〇二一年三月に岸田内閣が国会に提出した同意人事案にも、安倍さんは立腹していました。日銀政策委員会の審議委員の人事案が含まれていたからです。

任期満了となる片岡《かたおか》剛《ごう》士《し》さんに代わり、岡三証券の高田《たかた》創《はじめ》さんを入れるという人事案です。

片岡さんは、黒田東彦《くろだはるひこ》さんの異次元の金融緩和にも「生ぬるい」と異議を唱えるようなリフレ派の代表格です。

これに対して、高田さんは、日本興業銀行出身の債券ストラテジストで、財政審議会の委員を長く務めてきた財務省の代弁者のような人物です。「国債暴落論は『狼が来るぞ』と叫ぶ少年に似ている。騒いでいるころは来ず、忘れたころにやってくる」などと譬《たと》え、異次元の金融緩和を批判し、財政規律や増税の重要性を唱えてきた人物です。

安倍さんがこの同意人事案を聞いたのは国会提出直前でした。

防衛・安全保障と経済政策アベノミクスは、安倍政権の二本柱です。これを何食わぬ顔をして否定した岸田さんへの怒りは相当なものでした。

「もし岸田さんが黒田東彦さんの後任人事でクロダノミクスを否定する人物を指名したら、政局になるよ」

こう語った安倍さんの声からは怒気がにじみ出ていました。

田村　安倍さんが怒るのももっともですね。高田さんはアベノミクスや異次元緩和の逆サイドに立つ人物です。債券の専門家で、財務省の代弁者のメガバンク系エコノミストです。

私自身はマイナス金利や長短金利操作（イールド・カーブ・コントロール〔YCC〕）については、もともと批判的でしたが、導入した以上は金融政策の混乱を避けるため、継続やむなしとの立場で、脱デフレを達成できないうちに引っ込めてしまえば、元の木阿弥《もくあみ》になると心配していました。

したがって、片岡さんのようなリフレ派が日銀政策審議委員の多数を占めているほうがよいと思っていたら、岸田さんは高田さんを選んだ。「これでは、二〇二三年四月初めの任期切れを控え、最終局面に差しかかった黒田日銀は混乱するぞ」と心配していたら、案の定そうなった。

二〇二二年二月二四日のロシア軍ウクライナ侵攻開始、そしてエネルギー価格高騰、世界的なインフレ懸念の高まり、さらに三月からの米連邦準備制度理事会（ＦＲＢ）の大幅利上げ開始のなかで「日銀だけがマイナス金利を続け、長短金利操作のために国債の大量購入を続けていいのか、円安が止まらなくなるぞ」というふうに、黒田緩和への反対派が『日経』などメディアを使って勢いづきます。

それが、日銀政策委員会にどうしても影響してきます。高田さんの存在は日銀内の異次元緩和修正論を強めるのです。金融政策というもの、ブレることは何よりも避けなければなりません。揺らぐようだと、マーケットの投機勢力に突かれて、神通力を失いかねないからです。

二〇二二年一二月には、黒田日銀は長期金利の誘導目標上限を〇・五パーセント引き上げに追い込まれました。そして、ＹＣＣの廃止、さらには異次元緩和そのものの打ち止めなど、投機勢力の思惑そのもののような観測記事が『日経』をはじめ、メディアに頻繁に表われるようになりました。

そして、四月には学者上がりの植田和男《うえだかずお》さんが総裁に就任します。

植田さんは就任当初は「大規模緩和継続」と言いましたが、絶対に「異次元緩和」とは言いませんでした。

しかし、六月になると、「ある程度のサプライズはやむを得ない」と言い出し、七月には「YCCやマイナス金利政策を撤回し、金融正常化を実現した総裁として、歴史に名を残そうと考えている」といった内輪での私的発言がメディアに流れるようになりました。

そして、七月二八日の金融政策決定会合で長期金利の誘導目標上限を事実上一パーセントまで引き上げる決定を下したのです。

それは円安の進行を止める意図がありありでしたが、逆に円売り投機を加速させる羽目に陥ったのです。このままズルズルと異次元緩和廃止に追い込まれたら、何にもなりません。脱デフレは成らず、超円安で長期金利は高騰する、これは最悪のシナリオです。

安倍さんの岸田人事に対する懸念はそういうことではなかったのか、と思う次第です。ただ、岸田さんが受け入れた防衛費増額そのものは、安倍さんがやろうとしていたことでもありました。

石橋　たしかに岸田さんは安倍さんが亡くなる前にも防衛費の大幅増に言及していました。二〇二二年六月に閣議決定した「骨太の方針二〇二二」（経済財政運営と改革の基本方針）でも、NATO諸国が国防予算対GDP比二パーセント以上の実現を合意したことを引用する形で、「防衛力の大幅強化」をうたっていますが、同時に財政健全化や税制改革も掲げています。

防衛費増額分は増税で補うと言っているようなものです。

田村　防衛費の増額は、安倍さんが国際的に約束もしていました。

石橋　防衛費の対GDP比二パーセントはトランプ前米大統領が、NATO諸国に求めていました。

安倍さんとの信頼関係もあり、日本には露骨に要求しませんでしたが、安倍さんは当然それを視野に入れて動いていました。

田村　民主党のバイデン大統領に代わっても米国のこの方針に変わりはなかった。世界的な新型コロナ禍が収束しつつあるなかで、岸田政権に対する防衛費増の要求も強まっていくわけです。

岸田内閣は二〇二二年一二月一六日、防衛費について二〇二三年から五年間の総額で四三兆円とすることを閣議決定しました。

現行五年間の計画より一・六倍積み増しており、大幅増だと評価してよいでしょう。

この日本の防衛費大幅増について二〇二三年六月に、バイデン大統領は「私が説得した」と自画自賛しました。

この発言について日本側から批判もあったことから、あとになってバイデン大統領は取り下げています。

いずれにしろ、防衛費増について岸田さんはバイデン大統領の歓心を買ったことははっきりしています。

石橋　バイデン大統領の虚言癖・放言癖については無視してよいと思います。

二〇一三年一二月二六日に安倍さんは靖國神社を参拝しました。

同月初旬に米オバマ政権の副大統領として来日したバイデンは、その後中国を訪問し、習近平に、安倍さんの言質もとってないのに「安倍首相は靖國神社を参拝しない。私が説得した」と大見得を切っただけに「恥をかかされた」と激怒し、駐日米大使館に「失望した」とコメントを出させた。

これには安倍さんも激怒し、ふたりの関係は険悪となりました。もし安倍さんが存命で、首相に再々登板したとしても、安倍―バイデンの相互不信は消えなかっただろうと思います。

防衛費増は安倍政権以来の懸案であり、バイデン大統領の説得に応じて決めたことではありません。

安倍さんは米国の「核の傘」さえも信用していませんでした。

米国の大都市が敵国の核の射程圏に入っている場合、日本のために核抑止力を行使するとは限らないと考えていたからです。

だからこそ二〇二二年二月に民放番組に出演した際、「日本はNPT（核不拡散条約）[*3]加盟国で非核三原則[*4]もあるが、世界の安全がどう守られているかという現実についての議論をタブー視してはならない」と発言したのです。

日本は、核武装は難しいが、同盟国との核共有について政治レベルで議論すべき段階にあると考えていました。

中国や北朝鮮の核の脅威にさらされ、台湾有事が現実味を帯びるなか、この問題に目を背けることはできない。至極真っ当な意見だと思います。

田村　バイデン大統領の「私が説得した」発言は、国の主権にかかわることなので、日本側も必死に火消しに走ったはずです。ただ、岸田さんがバイデンとの会談で防衛費の大幅増を口にしたのは事実で、謂《い》わば国際公約したわけです。

ただし、財源の当てがあっての発言ではなかったのは、無手勝流の岸田さんらしい。

石橋　岸田さんは二〇二二年一二月八日の政府与党政策懇談会で、五年間で四三兆円の防衛費の財源として、年一兆円超を増税で賄う方針を表明しました。

消費税や所得税に手を付けると反発が大きいと考え、自民党税制調査会に法人税増税を軸に検討するよう指示しました。

これはあまりに唐突でした。そもそも企業・法人に従業員の賃金増を求めながら、法人税を上げるのは矛盾しています。

岸田さんの従兄弟である宮澤洋一税調会長は、法人税やたばこ税を段階的に増税する方針を税制改正大綱に盛り込みましたが、自民党議員の反発は収まりません。

二〇二三年内の衆院解散を考えていた岸田さんは頭を抱えます。このまま増税批判が広まれば衆院選で苦戦する可能性が高いからです。

ここで助け船を出したのが自民党政調会長の萩生田光一《はぎうだこういち》さんでした。

「わずか数週間で一兆円増税を打ち出すのは性急すぎる。本当に財源はないのか、徹底的に精査すべきだ」

こう考えた萩生田さんは年明けの二〇二三年一月に「防衛費増額の財源を議論する特命委員会」を設置し、自らが委員長に就きました。

この特命委員会で、いわゆる政府の埋蔵金や、処分できる国有資産などの洗い出しを進めるとともに、国債償還費のあり方にもメスを入れました。

特命委員会が二〇二三年六月に岸田さんに提出した提言では、税外収入の決算剰余金の活用などを防衛費増分に充てた二〇二三年度予算を高く評価し、二〇二四年度の予算でも、同様の努力を求めました。

要するに「増税なしでも防衛費増は十分可能じゃないか」と言っているわけです。

自民党税調が税制改革大綱をまとめ、政府が閣議決定した事案を政務調査会で覆すことは極めて異例なことです。これで何とか増税批判を抑え込むことができました。

岸田さんにとって萩生田さんは救世主になったと思います。

田村　そういう内容を突きつけてくることは、特命委をつくったときからわかっていたはずです。増税方針を打ち出しながら、それを否定するようなことをやったわけです。

石橋　さすがに岸田さんも財務省の言いなりで増税路線を突き進んだら、政権運営はままならないことを学んだのではないですか。
もし安倍さんが存命だったら、倒閣に動いていたと思います。少なくとも二〇二四年秋の自民党総裁選で岸田さん再選の芽は消えていたでしょうね。
ただ、岸田さんを含む宏池会は骨の髄まで財務省思考です。岸田さんが二〇二三年内の衆院解散を模索してきたのも、衆院選で国民の信任を得たうえで総裁再選を盤石とし、本格的な財政再建論議に入りたいからだと見ています。安倍さんを信奉する自民党議員らも同じ思いでしょう。
田村　アベノミクス開始以来、自民党内もずいぶんと変わった、と私は思っています。
財務省が岸田さんを利用して増税をやろうとする動きに対し、安倍さんは党内の積極財政派の議員グループを結成し、先頭に立っていました。
安倍さん亡きあとも、その影響がかなり現れている気がします。
石橋　増税反対派が、自民党内にも増えたということですか。
田村　そうです。増税反対派が増え、定着した気がします。
ただし、安倍さんのように経済に関する深い見識と、財務官僚と真剣に渡り合った実力者が見当たらないのが気がかりです。
石橋　安倍さんが亡くなったことにより、皮肉にも安倍さんが敷いた経済成長重視のアベノミクスの意味が再認識されたようにも思えます。

田村　アベノミクスによる雇用の大幅改善、コロナ・パンデミック時の大型財政出動が新型コロナ収束後の景気拡大を支える基盤になったわけで、それらは安倍さんの遺産と言えるでしょう。

でも、デフレ圧力は消えてはいないし、実質賃金も未だに下がっているなかで、増税先行という考えは甘すぎます。

経済財政について財務省の緊縮主義に疑問を抱き、真っ当な考えをする議員が、自民党内で増えています。財務官僚との親和性が突出して高い宏池会の岸田さんも無視できなくなったのです。

石橋　でも岸田さんはいずれ財政再建路線に戻ると思います。骨の髄まで宏池会ですから。何としても経済成長により、日本を再生しようという信念はない。

田村　信念がないから、財務省に簡単に利用され、いつコロッと転がされるかわかりません。

石橋　信念がないというか、センスが悪すぎる。デリカシーがないと言ってもよいでしょう。

これは二〇二一年九月に自民党総裁選で総裁に選ばれた際の挨拶にも表れていました。

普通なら、自民党の歴史や総裁の重責について過去の例を挙げ、「未来に向かってみなさん頑張りましょう」という感じの挨拶をするものです。

ところが岸田さんは、そういうことには触れずに「多くの国民のみなさんが、政治に国民の声が届かない、政治が信じられない、そうした切実な声を上げておられました。私はいまや、我が国の民主主義の危機にある、こうした強い危機感を感じ、我が身を省みず、誰よりも早く、この総裁選挙に立候補を表明させていただきました」と語りました。

まるで政権交代を果たした野党党首の挨拶じゃないですか。前任の菅義偉さんや前々任の安倍さんの政権を「独善的で民主的でなかった」と批判しているのと同じです。

この直後に新総裁から前総裁に花束が贈呈されるのですが、菅さんの顔は怒りで歪んでいました。

安倍さんも「あれはどう考えても喧嘩《けんか》を売ってるよね?」と怒っていました。

田村　官邸に国民の声が届いていないとか、民主主義の危機を招いたなど、誰が聞いても安倍・菅政権を指していると思います。

ところが当人は、喧嘩を売ったという意識がない。普通の人とセンスがずれているんですよ。

そんなこと、総裁選の最中にポロッと言うくらいなら失言で済むかもしれないけれど、総裁の就任挨拶で言うのは確信犯でしかありません。

石橋　確信犯ならまだいいけれど、確信犯でもないから困るわけです(笑)。

私も政治記者を四半世紀やってきて、こんなにズレた感覚の人は初めてです。

＊1　六中全会(中国共産党中央委員会第六回全体会議)

中国共産党の党幹部らが集まり、五年に一度開かれる党の最高意思決定機関が「中央委員会全体会議」。党大会は五年間に七回ほど開催される。六中全会は、第一九期の六回目に開かれた全体会議のこと。

＊2　核共有（ニュークリア・シェアリング）

核保有国が核兵器を、非核保有の同盟国と共有するという考え方。もともとはＮＡＴＯで旧ソ連に対する抑止力として導入された考え方。核兵器が使用される場合、同盟国の軍隊が核兵器の運搬に関与することを定めている。

＊3　ＮＰＴ（核不拡散条約）

正式名称は「核兵器の不拡散に関する条約」。核兵器保有国の増加を防ぐことをおもな目的としている。一九七〇年に条約として正式に発効。

＊4　非核三原則

核兵器を「持たない、つくらない、持ち込ませない」の三原則。一九六七年一二月に当時の佐藤榮作《さとうえいさく》首相によって表明された。

●岸田首相のこだわる宏池会

田村　感覚のズレた岸田さんですが、その岸田さんを使うにしても、もっと財務省はうまい使い方ができないのか、と思ってしまいます。

財務省批判の私がそう言うのはヘンですが（笑）。

財務省は民主党政権時代は見事に菅直人、野田佳彦両首相を増税、緊縮財政の急先鋒に仕立て上げ、挙げ句の果てには使い捨てにしました。

岸田さんはそこまでは操れない。財務省自体、これまでの誤りの数々が多くの国民に知られ、『回顧録』で生々しい策謀が露見した以上、やはり動きにくいのでしょうね。

大物次官の齋藤次郎さんが『文藝春秋　二〇二三年五月号』に載せた、「『安倍晋三回顧録』に反論する」を読むと、中身ゼロ。矢野論文のように興味津々で読みはじめたのですが、批判の種にする気も起こりませんでした。

齋藤論文は、安倍さんにここまで言われて、「心外だ」といった泣き言集にしか見えません。財務省が省益のためにしか動かないという安倍発言を捕えて、そんなことはないと開き直っているだけです。

財務省が国民の福祉のために、あるいは日本の経済を成長させるために、GDPの五割にも相当する国家財政をいかに活用しているのか、実績を挙げてきたのかということを、矢野さんも齋藤さんも堂々と述べればよいのですが、誇れる成果はない。だから素通りする。

安倍元首相や黒田前総裁には、雇用を増やすことやデフレからの脱出が大事だという信念がありました。

財務省の現役官僚が公言できないのなら、ＯＢ代表の齋藤さんは財務官僚の信念と実績を語るべきなのに、それができない。国家エリートの退廃、醜態です。

石橋　財務省もズレているのかもしれません。

岸田さんはずいぶん前から首相を目指していましたが、未だに何をやりたいかが見えてこない。

首相就任前に「首相になったら何をやりたいのか」と問われ、岸田さんは「人事」と答えたことがあります。何かやりたい政策があり、それを実現させるためにやるのが人事です。

小泉純一郎さんの郵政民営化にしても、安倍さんの平和安全法制にしても、政策を実現するために人事をやるのです。あれを聞いて「この人は本末転倒だな」と思いました。

強いていうならば「保守本流である宏池会が再び政権を握らねばならない」という思い、要するに「宏池会再興」が夢だったのではないでしょうか。

総裁選で掲げた「資産所得倍増」「デジタル田園都市国家構想」も、池田勇人《いけだはやと》さんの「所得倍増計画」[*5]、大平正芳《おおひらまさよし》さんの「田園都市国家構想」[*6]の焼き直しで、中身はさっぱりわかりません。

首相就任後も宮澤喜一さん以来となる「三〇年ぶりの宏池会政権」をことあるごとに吹聴し、二〇二二年六月にシンガポールで開かれたアジア安全保障会議「シャングリラ会議」の基調講演でも、宏池会の軌跡を誇らしげに語りました。

各国首脳を前に自民党の一派閥の話をして一体何の意味があるんでしょうか。

そもそも宏池会の歴史はそんなに胸を張れるものですか。

宏池会出身の首相は、宏池会創設者の池田勇人さん、大平正芳さん、鈴木善幸《すずきぜんこう》さん、宮澤喜一さんで、岸田さんが五人目ですが、過去の四人はとても名宰相とは呼べない。

池田勇人さんは「所得倍増計画」を成功させましたが、前任の岸信介《きしのぶすけ》首相の時代から高度経済成長は軌道に乗っていました。

岸内閣で蔵相や通産相を務めた池田勇人さんは、経済成長率とインフレ率から所得倍増が十分可能だと踏んで「所得倍増」を打ち出したのでしょうが、池田政権の手柄とは言えません。むしろ、岸首相が手がけた日米安保条約改定をめぐる混乱に慄《おのの》き、その後の安全保障論議を封印してしまった罪は大きいと思います。

大平正芳さんは、首相として初めて米国を「同盟国」と呼び、西側陣営の一員としての立場を明確にするなど外交姿勢は立派でしたが、福田赳夫《ふくだたけお》さん率いる清和会との政争に明け暮れ、大きな実績を残せぬまま急逝しています。

鈴木善幸さんは一九八一年に米大統領、ロナルド・レーガンとの会談後の共同声明で「同盟」という文言を初めて盛り込みましたが、直後の記者会見で「同盟関係に軍事的な意味合いはない」と釈明し、米国の不信を買いました。

鈴木内閣で官房長官だった宮澤喜一さんが出した歴史教科書に関する「宮澤談話」は、その後の歴史教育や日韓・日中関係に計り知れない悪影響を与えました。

首相としての宮澤喜一さんはさらに酷く、天安門事件後の一九九二年一〇月に天皇陛下（現・上皇陛下）を訪中させ、欧米の対中制裁の突破口を開きました。

これこそ「天皇の政治利用」の最悪の事例だと言えるでしょう。

さらに当時の官房長官だった河野洋平さんは、根拠もなく慰安婦の強制性を認める「河野談話」を発表し、この悪影響はいまも続いています。

経済政策でも、日銀総裁の三重野康《みえのやすし》さんとともにバブル崩壊後の処方箋を誤り、デフレ不況の「失われた三〇年」の元凶をつくりました。

その挙句、内閣不信任案を可決され、自民党は分裂し、日本新党代表の細川護熙《ほそかわもりひろ》さんら野党に政権を奪われてしまった。

退陣後は、加藤紘一《かとうこういち》さんと河野洋平さんという、保守政治家と呼べぬほどリベラルなふたりに跡目を争わせ、宏池会分裂を招きました。

あらゆる意味で宮澤喜一さんは、自民党の首相としてワースト1だと思います。

＊5　所得倍増計画
一九五六年四月から一九七三年一一月までの高度経済成長期のなか、一九六〇年に発足した池田勇人内閣によって閣議決定された、成長体制を整備するための計画。
＊6　田園都市国家構想

一九七〇～八〇年代に大平正芳元首相が追求した国家像。「都市に田園のゆとりを、田園に都市の活力を」というスローガンが象徴しているように、江戸時代の行政単位であった藩の数に匹敵し、全国に点在する「田園都市圏」が各々に自立し、これらの「田園都市圏」が経済的文化的に相互に連携しあって国を構成し、現代に合った「よき共同体」の再構築を目指そうとしたもの。

●防衛費GDP比一パーセントの変遷

田村　大平さんは、京都大学の高坂正堯《こうさかまさたか》さんに防衛費の拡大をいかに止めるか議論させています。

ここで、国際政治・経済情勢をからめながら、日本の防衛論議がどんな展開を見せてきたか、宏池会の位置はどうだったのか、触れてみます。

一九七〇年代の第一次、第二次の石油危機、一九七九年にはイランでのホメイニ革命、そしてソ連軍のアフガニスタン侵攻など、中東情勢の緊張と米ソ冷戦が再激化しました。そのなかで、日本が最小限の軍備と、経済での国際相互依存をどう両立させるかが喫緊のテーマになりました。

一九八〇年七月、前月に急逝した大平正芳首相の意向に基づき、高坂正堯京都大学教授が中心となってまとめたのが「総合安全保障戦略」報告書です。

財務（大蔵）官僚上がりの財政均衡主義者で、防衛予算増強反対の大平さんの考えは緊縮財政、小さな軍事というGHQ体制と吉田ドクトリンの延長線上にありました。

それに対して、現実主義者の高坂さんは大平構想の大筋には添いながらも、軍事についてはアクセントを付けました。軍事力は各国の外交政策を動かす大きな要因として認め、外国からの侵攻を思いとどまらせる「拒否力」として整備すべきとします。

報告書提言は「拒否力の整備はソ連に脅威を与えるものではなく、GNPの一〜一・一パーセント程度で実現可能」としたのです。

一パーセント枠の防衛予算をわずかに超えてもよいというわけで、大平さんに配慮した穏健ラインなのですが、それでも大平さんは防衛費増額に明確な姿勢を示さなかったのです。

大平政権を継承した鈴木善幸政権は高坂さんの軍事論を無視し、一パーセント枠を堅持したまま、対中協調重視の路線へと突き進みました。

一九八〇年代に入るとレーガン米政権が日本に防衛力の強化を要請、中曽根康弘《なかそねやすひろ》政権は一パーセント枠を撤廃しました。それでも「一パーセント枠の精神を尊重する」と表明、一パーセントは不文律になったのです。

二〇〇〇年代初頭は中国膨張の起点になりました。

いわゆる九・一一米中枢同時テロ以降、米国は人民元の対ドル相場管理を容認すると同時に、中国の世界貿易機関（ＷＴＯ）加盟を最終的に認め、高度経済成長基盤を提供しました。二〇〇一年一月に発足したブッシュ（子）政権は、クリントン前政権の親中路線をひとまずは断ち切りましたが、夏には見直しが始まったのです。

オニール財務長官が「九・一一」前日の二〇〇一年九月一〇日に訪中し、江沢民国家主席らと会談しました。会談では、ドルにペッグ（釘付け）している人民元相場を小幅な変動へと移行させる方向で一致しました。

中国が人民元の小幅切り上げと小刻みな管理変動に踏み切ったのは二〇〇五年七月です。人民元の対ドル相場安定の確保とともに、国際貿易で中国の地位を圧倒的に高めたのはＷＴＯ加盟です。ブッシュ政権は当初、クリントン前政権のＷＴＯ加盟容認路線を中断していましたが、九・一一後、ただちに対中協調路線へと舵《かじ》を切ったわけです。

ワシントンのゴーサインを受けて二〇〇一年九月一七日にはＷＴＯ中国作業部会の合意文書が採択され、一一月のＷＴＯ閣僚会議で加盟が正式承認されました。

二〇〇八年九月には米住宅バブルが崩壊し、リーマンショックが勃発しました。中国は米国債の購入拡大を米国に約束する代わりに、人民元の対ドル・ペッグ制を復活させ、対米を中心に、輸出主導で経済を逸《いち》早く二ケタ成長軌道に回帰させせました。

そして二〇二〇年、新型コロナウイルス・ショックが中国・武漢発で発生しましたが、米国のトランプ前政権、バイデン政権は積極果敢な財政・金融両面の景気拡大策をとり、中国はそれに乗じて対米輸出を拡大させています。

そしていま、習近平政権による海洋進出、拡大中華経済圏構想「一帯一路」構想などの対外膨張政策、チベットやウイグル、香港への人権侵害がエスカレートするなか、さすがに防衛費対GDP一パーセント枠を見直す声が自民党内で起きたのです。二〇二一年度政府予算では同比で〇・九五パーセントとなりました。

GHQ、吉田ドクトリンから大平正芳さんの総合安全保障構想の一パーセント枠路線は、大平政権時代に全盛期を経た宏池会に属する岸田文雄政権に、遺伝子として引き継がれているように見えます。

一九七〇年代末、高坂正堯さんの唱えた「軍事による拒否力」の対象は旧ソ連でした。「ソ連から弱小と見られることも、ソ連に孤立感を与えたり、脅威を与える存在と見られることも、ともに避けなくてはならない」という控えめで最低限の自衛力であり、当然のように米国の核の傘の下でのみ唱えられるGDP比一パーセント超の防衛路線だったわけです。

旧ソ連を現下の中国に置き換えるとどうでしょうか。

台湾、沖縄県尖閣諸島への中国の軍事侵攻は通常兵器を主体とします。日本固有の領土である尖閣諸島防衛は第一義的には日本が自力で立ち向かうことが前提となり、台湾有事の際に、米軍が出動する条件として日本の全面的な軍事支援が欠かせないことは、日米の軍事専門家の間では常識です。

そればかりではありません。絶え間のない中国からのサイバー攻撃への対抗と抑止も日本自体の能力と行動にかかっています。

大平政権時代のような曖昧路線は、防衛問題では許されないでしょう。

石橋　大平首相は、安全保障については真面目に考えていた人でした。生きていたら、宏池会も多少はマシだったかもしれません。

そのあとを継いだ鈴木善幸さんは、もう論外と言うしかない。

田村　鈴木さんは社会党出身でしたか。

石橋　最初は社会党から出馬して当選しています。

その後、吉田茂さん率いる民主自由党に移って、保守政治家になりました。しかし、そもそも首相になるはずではなかった人です。

田村　前にも言及しましたが、宮澤さんは、終戦と同時に財務（大蔵）省の地下倉庫にしまってあったタイプライターを取り出してきて、得意の英語で占領軍と交渉する準備をしたという逸話のある人です。

やはり大蔵省の先輩で、広島県出身の池田勇人さんが蔵相のとき、サンフランシスコ講和条約の下交渉のためにワシントンに行きますが、そのとき秘書官として同行したのが宮澤さん、言わば戦後の生き字引のような方でした。

池田さんはのちの首相で宏池会を結成、池田さん直系の宮澤さんは、自分こそ保守本流、知米派代表だと思っていた人でした。
石橋　戦後民主主義体制[*7]を保守というなら、まさに、そうかもしれません。そもそも保守本流という言い方がおかしい。岸信介が源流となる清和政策研究会（現・安倍派）など他派閥は「傍流」だと言っているのと同じです。
田村　それが宏池会です。
戦後民主主義体制を担ったのは、吉田茂を師とする池田勇人さんから始まり、大平正芳さん、宮澤喜一さんの財務（大蔵）省出身の首相だという自負があるようです。

＊7　戦後民主主義体制
学問上の定説は存在しないが、日本国憲法に定められた国民主権、平和主義、基本的人権の尊重を基本とする体制。

●バブル崩壊と財務省・日銀

石橋　宮澤さんは、バブル崩壊の後始末のところで決定的な失敗をしています。
田村　バブル潰しについては、財務（大蔵）省に責任があります。
詳しくは第五章で述べましたが、一九八九年一二月に角谷正彦《かどたにまさひこ》証券局長が、証券会社の損失補填《ほてん》を禁じる通達を出しました。

それまでの高い株価は、損失補填があることで企業が証券会社に取引を任せていたことで維持されていました。それがなくなって、一九九〇年初めから、株価は暴落していきます。

三月には、銀行の不動産向け融資を抑える土田正顕《つちだまさあき》銀行局長通達が出されます。いわゆる総*8量規制です。これによって、不動産取引は急減し、地価は暴落してしまいます。

いずれも大蔵省の一枚の紙がバブル崩壊を招いたのです。

もちろん、局長通達がなくてもいずれバブル崩壊は起きたでしょうが、それまで損失補填も銀行の土地融資も野放しにしていました。その行政上の不備をつかれるのを恐れて、後先を考えずに通達を出したのです。

日銀のほうはそれと競うように、ここぞとばかりに金融の急激な引き締めの追い討ちをかけました。

大蔵省はさらに新税創設のチャンスとばかりに、地価税法まで制定させました。

「バブル崩壊を受けた実体経済への悪影響をどう和らげるか」という問題意識は大蔵省、日銀とも完全に欠如していたのです。

一九九一年一一月に宮澤さんは首相になります。財政・金融に精通する宮澤さんはさすがに危機感を抱いてはいたようです。

宮澤首相は株価と地価の暴落の最中の一九九二年八月、軽井沢の財界セミナーで「いまの銀行の不良融資の状況のなかで、場合によっては何か政府が公的な関与をする必要があるのではないか」とやんわりと発言しました。

日銀の三重野総裁も同じ思いを抱いていたはずですが、ふたりともとくに目立つような行動に出ませんでした。

二〇一七年一〇月一四日付の『日経電子版』によると、三重野さんは「経団連首脳に潰された」とあとで述懐したそうです。

当時の経団連会長は東京電力会長の平岩外四《ひらいわがいし》さんですが、責任転嫁です。

平岩さんはそもそもバブルとは無縁、殿様商売の電力業界育ちで、原子力発電問題でも危機対応が満足にできないような人物です。金融のことがわかるはずはありません。

大蔵省も日銀も世論の反発を買う公的資金投入を言い出せば、バブル崩壊を招いた自身の政策の是非が問われることを恐れていたのだと思います。

宮澤さんにはこれらの組織を動かすリーダーシップがなかったのでしょう。

そのために、日本経済はバブル崩壊後の処理が大幅に遅れ、長期的な低迷を続けることになります。

石橋　岸田さんが、そういう歴史を持つ宏池会の、何をもって誇りとしているのか、さっぱりわかりません。宏池会を、安倍さんは毛嫌いしていました。

安倍さんは憲法改正を見据えて後継首相に岸田さんを考えていたことを前に話しましたが、

二〇二一年九月の自民党総裁選では、突如として高市早苗さんを支援します。現・デジタル担当相の河野太郎さんの総裁就任を阻止することが第一義でしたが、岸田潰しでもあります。

あのとき私が「かつては岸田さんを後継候補にしながら、ここで高市早苗さんを支援するのはおかしくないですか？」と言うと、安倍さんはこう言いました。「だってよく考えてみろよ、岸田さんは宏池会なんだよ。本当に宏池会政権でいいと思うか？」

＊8　総量規制
貸金業者に対して契約者の年収の三分の一を超える貸し付けを原則禁止する規制のことだが、ここでいう「総量規制」は一九九〇年三月、財務（大蔵）省から金融機関に対して行われた行政指導のこと。行きすぎた不動産価格の高騰を沈静化する目的で、不動産向け融資の伸び率を貸出全体の伸び率を下回るよう銀行に対して求めた。

●何が岸田さんに欠けているのか

田村　岸田さんは、最初だけはもっともらしいことを言います。

二〇二三年の「骨太の方針」でも、「新しい資本主義」や「次元の異なる少子化対策」といった人目を惹《ひ》く題目を並べています。

ただし、財源は先送りか、財務官僚まかせで増税メニューを受け取ります。

結局、何もできないで、ただの作文で終わってしまう可能性が大きいと言わざるを得ません。

石橋　そもそも何が足りていないと、田村さんは思いますか。

田村　結論から言えば、緊縮財政や消費税増税がデフレの元凶なのですが、そこに触れるのを避けています。

「新しい資本主義」のスローガンは空疎ですね。何よりも脱デフレへの執念が欠如しているからです。

岸田さんの国会所信表明演説を聞いても「デフレ」という言葉が出てきません。

例年六月に、内閣が決める次年度予算編成のガイドラインである「経済財政運営と改革の基本方針（骨太の方針）」の二〇二三年版を読むと「デフレ」の言葉がいくつかありますが、なぜデフレ経済になったのか原因には言及しないまま、「成長と分配の好循環」を目指すという。デフレから脱出するために欠かせない積極財政に背を向けたまま、異次元の少子化対策、賃上げ、未来への投資の必要性をうたいます。

しかしながら、緊縮財政を続けるから、デフレ圧力は去らず、賃上げや投資の勢いが削がれてきたのです。デフレ圧力のもとで、勤労世代の実質所得が減り続けるから、婚姻率は下がるし、出生率も下がってきたのです。

骨太方針をつくっているのは財務官僚であり、彼らにとっては緊縮財政や消費税増税は省是みたいなものですから、それを否定するようなことは絶対に書くわけがありません。岸田さんはそれにやすやすと従っています。

岸田首相周辺に脱デフレを口にする経済閣僚はこれまで見当たりませんでした。そこで、二〇二三年九月一三日の内閣改造人事に注目していたら、新任の新藤義孝《しんどうよしたか》経済財政・再生相が脱デフレについて「これが私の仕事だ」と述べたので、あれっ、いたのか、と驚かされたほどです。

石橋　原因を素通りして対策を講じるなど、常識的に無理なことですが、それをやってしまっているのが骨太の方針と言えます。

田村　骨太の方針では、〈高い賃金上昇を持続可能なものとすべく、リ・スキリング[*9]による能力向上の支援など三位一体の労働市場改革を実行し、構造的賃上げの実現を通じた賃金と物価の好循環へとつなげる〉と〝対策〟を示しています。

しかし、単なる〝作文〟にしか、私には思えません。リ・スキリングをメディアの多くが「学び直し」と訳していますが、つまりは「職業再訓練」のことです。

若い世代なら「学び直し」で高い給与を得られる可能性は高いかもしれませんが、中高年にとって「学び直し」は簡単ではありません。

石橋　中高年切り捨てにつながりかねません。

しかも、「学び直し」で高給が得られないのは「自己責任」にされてしまいかねない。

田村　もうひとつ、骨太の方針で大きく掲げているのが、異次元の少子化対策です。少子化が解消されるには、男女が結婚して子供を産み、育てることが不可欠になります。

結婚には安定した収入が必要だし、子育てにも安定収入は大事な要素です。子供が育つにつれ出費は増えるものですから、収入が増えていくことも必要です。

実質賃金が減っている現状では、子供を産む家庭も減るし、少子化にも歯止めがかからない。二〇二三年六月に政府が発表した「こども未来戦略方針」[*10]も、〈若者・子育て世代の所得を伸ばさない限り、少子化を反転させることはできない〉と断じています。

にもかかわらず、骨太の方針にも「所得を伸ばす」ための具体策が述べられていないわけです。

石橋　もっともらしいことは書いても、肝心の具体策がない。

田村さんが言われるように、ただの「言いっ放し」にすぎない。

＊9　リ・スキリング

技術革新やビジネスモデルの変化に対応するために新しい知識やスキルを学ぶこと。二〇二二年一〇月初旬の臨時国会における所信表明演説で、岸田文雄首相はリ・スキリングに年間で一兆円の予算を投じると述べた。

＊10　こども未来戦略方針
政府が二〇二三年六月に決定した、少子化対策強化の一環として児童手当や育児休業給付拡充などを目指すという方針。

●日本は重税国家、悪代官経済

田村　具体的な解決策は、財政と金融の両輪をフル稼働させるしかありません。にもかかわらず現実は、財務省主導の緊縮財政路線が岸田政権の基調であり、おまけに将来の増税メニューまで受容しています。

結局、財務省の省是に引きずられていては、景気は上向かないし、少子化も解消するわけがない。

最近の経済と税収の動向を見てみましょう。

景気が上向き、われわれ一般の懐具合がよくなるときに、税の自然増収が起き、民間も政府もともにハッピーとなるというのが、真っ当な国民経済というものです。

国内総生産（ＧＤＰ）は消費、貯蓄と税収の合計だから、ＧＤＰが増えれば税収も増える。日米欧の二〇二二年（日本は年度）の二〇年前に比べたＧＤＰの増加額に対する政府税収増加額の割合を計算してみると、米国一一パーセント、ユーロ圏三〇パーセントに対し日本は七一パーセントにもなります。

税収とGDPの増加率は米国がそれぞれ一八五パーセント、一八八パーセントとほぼ並行して増え、ユーロ圏は九三パーセント、七五パーセントと税収がやや先行しています。ところが日本は税収六二パーセント増に対し、GDPは七・三パーセントにとどまっています。

日本はとんでもない重税国家、悪代官経済なのです。財務官僚にはもちろん、岸田政権にはまったくその意識がない。

石橋　異次元の少子化対策は、二〇二三年一月四日に、岸田さんが伊勢神宮に参拝した際に行った年頭会見で、いきなり言い出したことです。

金屏風《びょうぶ》を後ろにして、「これ以上放置できない待ったなしの課題」として「異次元の少子化対策に挑戦する」とやったわけです。

そんなことを言い出すとは、自民党執行部さえも知らなかった。

そのときの内閣官房副長官で総理大臣補佐官だった木原誠二さんの振り付けだ、と言われています。彼も、元財務官僚です。

田村　財務官僚的な裏があるということですか。

石橋　そうです。少子化対策は、増税の枠組みをつくるための布石だと、私は思っています。

少子化対策には財源が必要ですが、その財源は明示されていません。こども特例国債などの案もいわれていますが、増税につながる策を打ち出してくるでしょうね。

とにかく財務省は常に政府・与党内で増税議論を続けたいのです。続けていればチャンスさえあれば増税できる。

防衛増税はどうも雲行きが怪しい。そこで少子化対策を打ち出したのだと思います。

年数兆円の財源を確保するならば、当然、消費税増税が俎上《そじょう》に載せられます。本当の狙いは、そこにあるはずです。

そもそも、岸田さんが本気で少子化問題を考えているはずがない。

本気で考えているなら、小倉将信《おぐらまさのぶ》さんみたいな初入閣の若手議員を、少子化担当相にするはずがありません。しかも結婚と離婚を繰り返し、子供もいない少子化対策の逆を行っているような人ですよ（笑）。

本気で少子化対策をやろうとすれば、厚生労働省や文部科学省、総務省をはじめとして、あらゆる省庁をまきこんでやらなければならないはずです。

それこそ、複数の閣僚を経験した政調会長くらいの力のある人物を担当大臣に据えなければ、とても達成できるような課題ではありません。

田村　小倉さんは、二〇二一年の衆院選で初当選したばかりの人です。たしかに、岸田さんが大きく掲げる課題のわりには、担当大臣が小粒すぎます。

石橋　岸田さんの矛盾している人事の典型例だと思います。
二〇二三年四月に発足した「こども家庭庁」[*11]の看板を「子供に書いてもらう」と、小倉さんは胸を張っていましたが、じつにくだらない。

矛盾している人事といえば、新型コロナ対策でも同じでした。

岸田さんは新型コロナ対策を「最重要課題」と言ってきましたが二〇二一年一〇月に発足した第一次岸田内閣で、ワクチン担当相に起用したのは、堀内詔子《ほりうちのりこ》さんでした。

菅さんがワクチン担当相に起用したのは、いろいろと問題はあるにしても、外相や防衛相など重要閣僚をいくつも歴任し、突破力には定評のある河野太郎さんでした。

なぜ「最重要課題」と言いながら、医療や厚生労働行政に詳しいわけでもない初入閣の女性を起用したのか。しかも二〇二二年三月に東京五輪担当相の設置期限が切れ、閣僚枠がひとり減った際に退任させています。意味不明の人事です。

異次元の少子化対策で具体的な政策メニューが並べば、次は財源の議論に移ります。これこそが財務省の狙いだと見ています。

田村　なるほど、増税の枠組みづくりのための少子化対策なのか。いかにも、財務官僚が考えそうなことです。

「少子化のための財源として消費税率の引き上げが必要です」と識者にも言わせたりしています。布石ですね。

石橋　少子化対策をやるならば年数兆円規模となります。それだけの財源を捻出するには基幹税に手を付けるか、社会保障制度の枠組みを変えるしかありません。

私はずばり、狙いは消費税増税だと見ています。また一〇年前と同じく「社会保障と税の一体改革」と銘打って消費税増税の地ならしを始めるのではないでしょうか。

田村　そのシナリオを書いたのは、やはり財務省ですか。性懲りもないですね。「社会保障と税の一体改革」を口実にして、大型消費税増税で子育て世代を締めつけて少子化を促進しておきながら、また同じ手を使う。

石橋　岸田さんの腹心である、幹事長代理兼政調会長特別補佐の木原誠二さんの入れ知恵だと言われていますが、私は財務省が振り付けたと見ています。

二〇二三年一月の伊勢神宮参拝後の記者会見で「異次元の少子化対策」をぶち上げたのも奇妙です。

前年暮れに防衛費増に伴う増税をめぐり、自民党内が紛糾したばかりです。今後、増税プランが吹っ飛ぶ可能性もあります。増税に向け、新たな枠組みをつくる必要があったのでしょう。お正月ならば自民党議員も地元におり、騒げない。党三役も寝耳に水だったと聞いています。自民党ではこども特例国債の発行も話がありましたが、骨太の方針には盛り込まれませんでした。国債発行を財務省が承知するはずがありません。

田村　こども特例国債の案は自民党のなかから出てきたものです。

石橋　自民党一流のブラフでしょう。

衆院選前に少子化対策をめぐり、財源論議はやりたくない。選挙で増税は批判を浴びるだけで票にはなりません。

＊11　こども家庭庁
従来は内閣府や厚生労働省が担っていた子供を取り巻く行政分野の事務の一元化を目的として二〇二三年四月一日に発足した行政機関。内閣府の外局。

●財務省に抗える自民党派閥はあるのか

田村　岸田さんの宏池会は財務省の言いなりだから、緊縮財政・増税に賛成するのでしょうが、ほかの派閥はどうなのでしょうか。

たとえば、「有隣会《ゆうりんかい》」はどうなのですか。

石橋　有隣会は、自民党幹事長や財務相などを歴任した谷垣禎一《たにがきさだかず》さんが率いたグループです。宮澤喜一さんは、自分の跡目を河野洋平さんと加藤紘一さんに争わせました。超リベラルなふたりに跡目争いをさせる感覚が異常だと思いますが……。ともかく、その結果、加藤さんが勝って宏池会を率いることになります。

当時の宏池会には反加藤紘一のメンバーも少なくなく、その筆頭が麻生太郎さんでした。彼らが河野さんを担いで宏池会を飛び出してつくったのが河野グループです。当時は「大勇会《たいゆうかい》」

という名前でした。

のちに麻生さんが会長となり、「為公会《いこうかい》」に改名し、前衆院議長の大島理森《おおしまただもり》さんらの合流を機に現在の「志公会《しこうかい》」となりました。

宏池会会長となった加藤紘一さんは、二〇〇〇年一一月に当時首相の森喜朗さんに反旗を翻し、「加藤の乱」[*12]を起こします。

当時幹事長だった野中広務さんらの切り崩しは凄まじく、宏池会は二分し、破れた加藤さんは自民党を離党しました。このとき、野中さんらと手を組んだのが、元幹事長の古賀誠さんや元通産相の堀内光雄さんらで、加藤さんについていったのが谷垣さんらです。しばらくは二派とも宏池会を名乗りました。

つまり現・岸田派の宏池会と、麻生派の志公会、そして有隣会は同根です。

田村　なぜ有隣会の話をしたかといえば、数年前に有隣会のセミナーに呼ばれたときのことを思いだしたからです。

同会の中谷元さんと私は同郷で、軽井沢での夏季勉強会の講師を頼まれたので引き受けました。

そのとき、「緊縮財政批判、増税反対の話をするつもりですが、構いませんか？」と念押ししました。

宏池会の流れを汲むグループですから、財務省に同調して緊縮財政、増税に賛成する人たちだと思っていたからです。

それに対して、中谷さんは「いいですよ」という返事でした。それで、遠慮なく緊縮財政批判、増税反対の話をしました。

有隣会の議員たちからは私の話に対する批判とかが飛びだすのかと、ある意味で期待していたのですが、まるで無反応でした。批判、反論があれば、こちらも大いに刺激を受けるのですが、言いっ放し、拍子抜けです。

「この人たちには信念がないのか」と、私は内心で思い、その日のうちに軽井沢からさっさと帰京しました。

中谷さんは勉強熱心で、真剣に国の将来を考えていることはたしかなのですが、どう見ても財政健全化イコール緊縮財政・増税の路線からは離れそうにありません。

石橋　谷垣さんは、バリバリの財政再建派です。

野党時代の自民党総裁として「社会保障と税の一体改革」の旗を振り、消費税増税の筋道を付けたのは谷垣さんです。

だからこそ、八パーセントから一〇パーセントへの消費税引き上げ時期を延期しようと考えていた安倍さんは、二〇一四年九月に谷垣さんを幹事長に起用したのです。増税延期反対派の頭目を幹事長にすることで、衆院選をチラつかせながら増税延期反対派の動きを封じ込めたのです。そういう意味では安倍さんはなかなかのワルでしたね。

ただ、二〇一四年一二月の衆院選を通じて安倍さんと谷垣さんは信頼関係を構築し、ふたりの関係はずっと良好でした。谷垣さんが自転車事故で大けがをして政界を引退しなければ、ポスト安倍の筆頭候補になっていたでしょう。

田村　谷垣さんに限らず、政治家は本能的に選挙で有利に立てる材料かどうかが、行動するうえで最大の動機、決め手になるのでしょうね。

理念としての民主主義は美しいですが、政治家は選挙に勝てなければただの人になります。それだけに、財務省にとって、地元への予算配分の匂いに弱い政治家はコントロールしやすい相手なのだと思います。

---

*12　加藤の乱
二〇〇〇年一一月二〇日の衆議院本会議で、野党が森喜朗内閣不信任案を提出する動きに、自民党の加藤紘一（当時宏池会会長）と同志の国会議員が賛成もしくは欠席を宣言して同調しようとした動き。実行されれば不信任案は成立する見込みだったが、失敗に終わる。

●財務省が必死で守る財政法第四条

田村　前にも、財政法第四条の話をしました。〈国の歳出は、公債又は借入金以外の歳入を以て、その財源としなければならない。〉というのが四条です。

つまり、財務官僚が省是としている均衡財政、財政健全化のバックボーンになっています。安倍さんは『回顧録』で、財務省と財務省の緊縮財政・増税方針を痛烈に批判しています。ところが、その背景にあるはずの財政法第四条には、まったく言及していません。なぜでしょうね。

石橋　第四条を変えるとなると、財務省は全力で抵抗するでしょうから、まったく、労力に見合わない。

同じ労力を憲法改正に使ったほうが、まだ結果は出やすいはずです。

財政法第四条は改正しなくても、どうにでも誤魔化せるのが実情です。ただ、安倍さんが存命だったら、防衛増税をめぐり、財政法改正をぶち上げたかもしれません。

田村　第四条のただし書きで、公共事業などに使う建設国債の発行は認められています。

防衛国債やこども特例国債にしても、建設国債の一種とか延長くらいに解釈を拡大させれば、問題なく発行できます。

石橋　赤字国債は借金で建設国債は将来への投資だから、赤字国債は認められないが建設国債は認められる、と財務省は説明しています。

その理屈にしてもおかしい。この理屈ならば建設国債と同じ扱いで防衛国債や少子化国債が認められてもよいはずです。

田村　先行投資は民間企業には当たり前です。それは国家も同様です。先行投資しなければ、将来の成長はありません。それは国家も同様です。先行投資のためには前借り、つまり企業にとっては株式発行、増資や銀行借り入れ、社債発行、政府にとっては国債発行が必須です。

それなのに、税収の範囲内で先行投資せよというのは、経済を知らない考え方なのです。だから、こども特例国債も建設国債と同じく先行投資のためだと割り切れば、発行に問題はないはずです。

にもかかわらず、こども特例国債も「放漫財政だ」という方向にもっていこうと財務省はします。

石橋　投資しなければ経済は成長しません。

何が何でも負債は膨らませたくない。成長のために投資は必要なことなのに、借金と投資の区別がいまだにつかないのが財務省です。

日本経済が成長しないのは、財務省が「投資＝投機」と見ているからでしょう。そもそも財務省には「経営」という感覚が欠如しているように思えます。

そうやって経済成長を止め、国民から豊かさを奪っておきながら、税金だけは細かく徴収しようとしている。

二〇二三年の骨太の方針には、退職金の課税優遇見直しが含まれています。実質的な増税です。

退職金が増税されるなら、コツコツ定年まで働く意味も薄れるわけです。ますます日本の終身雇用制は壊れて、日本企業の強さが失われることにつながりかねません。それ以上に二〇年以上同じ会社で働いてきたサラリーマンたちは怒り狂って、絶対に自民党には投票しないでしょうね（笑）。

田村　退職金は官僚にとっても大事な存在のはずです。天下りして、そのたびに高い退職金をもらっていくのが、ある意味、官僚の役得だったわけです。

石橋　それ以上に酷かったのが、二〇二三年六月三〇日に岸田さんに提出した政府税制調査会の答申です。

政府税調は、安倍政権と菅政権の一〇年近く完全に無視され、開店休業状態でした。岸田政権になってようやく憂さ晴らしができると思ったのか、二〇〇頁を超える答申は増税のオンパレードです。退職金増税や、猶予所得控除の減額、通勤手当課税などサラリーマンが怒り狂うメニューばかり。

岸田さんが通常国会会期末の衆院解散を検討している時期にこんな答申を出す政府税調はバカとしか言いようがない。そして御用学者らを裏で操っている財務官僚の感覚のズレも信じられません。

もし、安倍さんだったら、この答申をその場で突き返していたでしょうね。

岸田さんもそれをやれば男を上げたと思いますが、「答申を基に将来世代が将来希望を保てるような、公正で活力ある社会を実現させたい」と応じている。

この感覚のズレは救いようがない。財務官僚は早く岸田さんを退陣させたいと思っているのでしょうかね。

田村　経済が成長すれば、官僚が口を出すところも多くなって、彼らも美味しい思いができるはずです。

それなのに緊縮財政と増税を優先するあまり、逆のことになってしまっている。過去四半世紀もの間、ＧＤＰ成長率がマイナスも珍しくなく、ゼロまたは一パーセント台が続いたなど、先進国では日本だけです。

にもかかわらず財務省は緊縮財政と増税にこだわって、景気を悪くするほうにミスリードするばかりです。

三パーセントくらいの経済成長率になれば、官僚バッシングは起きないし、自分たちにとって美味しい天下り先も確保できるはずです。それをやろうとしないのは、不思議なくらいです。

石橋　キャリア官僚を採用するための国家公務員Ⅰ種試験が人気がた落ちなのもわかります。かつて「省庁の中の省庁」「最強官庁」といわれ、国家公務員Ⅰ種の上位合格者の七～八割は財務省に入るといわれていました。ところが最近は、外務省に行くほうがずっと多い。財務省にとっても相当ショックなはずです。

財務省は、仕事はどの省庁よりも厳しくしんどい。昔は天下国家を動かしている自負があったはずですが、それも失われつつある。

世間でもかつてほどは尊敬されない。このままではますます人気が落ちるのではないでしょうか。

田村　合理的な理論が、いまの財務官僚には不足しすぎています。

消費税率を上げるにしても、これだけ上げれば経済への波及効果はこれくらいあって、それによって国民生活はこれくらい豊かになるということを具体的に示せばいいのに、それができない。

一九九七年度の橋本増税は財政健全化どころか、逆に政府債務の膨張を招きましたし、二〇一四年度の増税は日本経済再生の芽を潰しました。

こうした失敗を突かれるのを恐れるから、国民経済の視点を無視し、ひたすら家計簿式の思考に閉じこもるのです。

ただ「消費税率を上げなければいけないので、どうか上げさせてください。お願いします」では説得力がない。この発言は、二〇一九年五月一七日午後、消費税増税に反対する私の目の前で、財務省高官の某氏の口から出たのです。開いた口が塞がりません、というか国家のパワーエリートがこんな有様かと、暗澹《あんたん》たる思いでした。

これでは国民から反発を買うだけで、理解は得られません。無理して税率を上げれば、恨まれるだけです。

そんな損な役回りだと学生も気付いて、財務官僚を希望しなくなっているのかもしれません。

自分たちのステータスを高め、そして日本経済を成長させていくためには、財務官僚は均衡による財政健全化と増税という省是を捨てるところから始めるべきです。

あとがき――「財務省」という名の戦後レジームと闘う

故安倍晋三元首相と親交が深かった元産経新聞政治部長の石橋文登さんと話して、確信したのは安倍氏が戦後政界では希代のリアリストだったことだ。自身の国家像実現に向け、厳しい現実とまともに衝突して砕けるよりも、ときには忍耐し、妥協もする。とにかく現実を踏まえ理念の達成に向けて一歩でも二歩でも前に出る。そして、戦略を駆使して味方を増やし、立ちはだかりそうな勢力を取り込んでいく。

安倍氏の国家像とは、第一次政権発足時に唱えた「戦後レジームからの脱却」に違いない。安倍氏は二〇〇七年一月二六日の施政方針演説で、「憲法を頂点とした（中略）基本的枠組みの多くが、二一世紀の時代の大きな変化についていけなくなっていることはもはや明らかだ。いまこそこれらの戦後レジームを原点に遡《さかのぼ》って大胆に見直し、新たな船出をすべき時が来ている」とうたい上げた。持病悪化のためわずか一年で首相の座を降りたが、その間に教育基本法の改正、防衛庁の省への昇格、国民投票法の制定というふうに、半世紀に一度ともいわれる重大な法改正を相次いで成し遂げた。

そして、約五年に及ぶ雌伏期間を経て、二〇一二年九月には自民党総裁に返り咲き、同年一二月には第二次安倍政権を立ち上げた。『回顧録』に〈私が再び首相に就いた当時は、行きすぎた円高で大手の製造業が生産拠点を海外へどんどん移し、移転できない中小企業、小規模事業者は、日本国内の工場を閉めざるを得ない状況に追い込まれていました。〉とあるように、経済再生に最重点を置いた。大なる目標は「脱デフレ」であり、それを達成するための秘策がアベノミクスである。

安倍氏は『回顧録』で第一次政権について〈今思えば、戦後レジームの脱却に力が入りすぎていた面がありました。〉と述懐しているが、第二次政権で引っ込めたわけではない。アベノミクス自体が壮絶なる戦後レジームとの闘いだった。

経済面からみた戦後レジームとは、一九四七年、「平和憲法」に合わせて制定された財政法に依拠する財務省の財政均衡主義である。財政法は第四条で日本が二度と戦争できないようにするために、インフラ整備用を除く国債発行を禁じた。そして、一九九〇年代後半、大蔵省は平成バブル崩壊がデフレ圧力を高めているにもかかわらず、財政法の主旨に沿ったプライマリー・バランス（ＰＢ）の黒字化を橋本龍太郎政権に掲げさせ、政権は一九九七年度に消費税増税、歳出削減、社会保険料の大幅引き上げの緊縮三点セットを打ち出し、日本経済をデフレ不況の泥沼に引きずり込んだ。以来、デフレの重圧はいまに至るまで去らないままだが、財務省はそれを気にも留めず、歴代の政権にプライマリー・バランス黒字化を約束させてきた。

物価が下がり続けるデフレの主因は需要不足だが、デフレ心理にどっぷり浸かった企業は賃上げを渋り、家計は消費を抑制するので、民間任せではデフレから脱出できない。デフレ圧力がのしかかる経済状況下では、政府が国債発行によって民間で有りあまる資金を吸い上げて財政出動し、有効需要（カネの裏付けのある需要）を創出するというのが、一九三〇年代の大恐慌時代の教訓なのだが、財務省は逆に緊縮財政によって民間需要を奪う路線を敷いた。政界、財界、学界そして言論界の多数派がそれを支持、または容認してきた。

デフレ日本は、米ドルを基軸とするグローバル体制には極めて都合がよい。一九八〇年代後半に純債務国に転じた米国は絶えず、海外からの資金流入に頼る。デフレで日本の国内需要が低迷するから、超低金利の巨額資金がコンスタントにニューヨーク・ウォール街に流れ込む。この結果、米金融市場は安定するだけではない。国際金融資本はドル資金を米国内ばかりか、全世界に向け再配分することで稼ぐ。なかでもより高い投資収益が見込める中国に向かう。共産党独裁の中国が長期に亘《わた》って高成長率を維持してきた背景である。経済力に支えられ、海洋、陸上を問わず軍事進出を進め、日本などを脅かす。

米政権は一九九三年発足のクリントン政権以来、二〇一七年発足のトランプ政権を除けば、ウォール街出身者が要職を占めてきた。これら「ウォール街政権」は一九九〇年代後半から延々と続く日本の長期慢性デフレに関し、「歓迎」表明しないまでも、脱デフレ策を催促することはなかった。デフレ日本からは有りあまるカネが流れてくるので米金融市場は潤う。しかも、金融市場の要である米国債の最大の買い手は日本である。デフレを助長する緊縮財政を仕組む日本の財務官僚は当然のように米国での受けがよい。国際金融の元締めである国際通貨基金（ＩＭＦ）はことあるごとに、日本に消費税増税を勧告してきた。増税しても、まだまだ足りないというふうに執拗《しつよう》だ。

戦後レジームは米国への従属体制とも言い換えられる。平和憲法とセットの財政法を墨守し、均衡財政を歴代の政権に強い、米金融市場の安定に貢献してきた日本の財務省はさながら戦後レジームの化身とも言えよう。

安倍氏がアベノミクスを掲げて、達成に執念を燃やした脱デフレは、緊縮財政路線の見直しなくしては実現できない。したがって脱デフレは財務省主導戦後レジームからの脱却とも言い換えられる。ゆえに、安倍氏は財務省との緊張、対立は避けられなかった。

そうみると、本書での石橋証言はじつに興味深い。

安倍氏と財務省の関係は少なくともアベノミクス初期の段階までは無風同然で、プライマリー・バランスに疑義を挟むことはほとんどなかった。二〇一三年初めの日銀首脳人事では、財務省の大物次官だった勝栄二郎《かつえいじろう》氏を副総裁に指名しようとした。財務次官が副総裁に就けば、次の総裁になるという財務官僚OBの定番コースを安倍氏は念頭に置いていた。安倍氏は二〇一四年四月からの消費税率三パーセント引き上げが景気に及ぼすマイナス効果について危惧《きぐ》はしたものの、さほど抵抗することもなく、二〇一二年の三党合意に従って実施した。

結果は、惨憺《さんたん》たるものだった。二〇一三年初めに異次元金融緩和、機動的財政出動と成長戦略の「三本の矢」が放たれた途端、超円高が是正され、株価は沸き立ち、消費も設備投資も刺激された。が、消費税増税とともにアベノミクスの初期成果が吹き飛んでしまったのだ。

安倍氏と財務省の確執のドラマはそこから始まった。安倍氏は一年半後に予定されていた消費税率の再引き上げを延期したばかりか、さらにもう一度延期する決断をくだした。

これに対し、財務省は策謀を凝らし、増税実施へと自民党内の実力者に働き掛けて安倍氏を追い込もうと工作する。このあたりの暗闘ぶりは『回顧録』以上に、安倍氏と直に向き合ってきた石橋さんの証言がより生々しく伝えている。

そして、二〇二〇年三月、中国武漢発新型コロナウイルス・パンデミックが勃発すると、安倍氏は財務省の抵抗を押し切り、国民ひとり当たり一律一〇万円の支給を決断した。宿泊、飲食業など中小・零細企業には補助金を満遍なく支給した。コロナ禍での日本経済は財務省が反対する大掛かりな財政出動によって下支えされた。そして、コロナ収束の二〇二三年の景気回復が導かれ、脱デフレの光明も見えはじめた。

安倍氏は二〇二〇年九月、首相の座を降りたあと、ほどなく自民党積極財政派のリーダーに推され、引き受けた。二〇二二年には防衛国債発行を提起したばかりか、岸田文雄首相に防衛予算倍増を迫り、実現させた。

だが、二〇二二年七月、凶弾に斃《たお》れた。財務省は岸田首相籠絡《ろうらく》へと突き進む。防衛財源はほかの歳出項目削減と増税を組み合わせて確保する。さらにその先は消費税増税という路線を敷こうとする。

だが、自民党内の空気は「安倍以前」の状況とは違う。安倍晋三という、戦後レジームからの脱却の信念をエネルギーとする強力なリーダーは最早いない。しかし、いまや世論が財務省に不信を抱くようになったのだ。

緊縮財政の戦後レジームを延命させようとする財務省と、そうはさせないという安倍氏の遺志を継ぐ者たちの攻防は続く。

二〇二三年一〇月吉日

田村秀男

著者略歴

田村秀男（たむら・ひでお）

産経新聞特別記者・編集委員兼論説委員。昭和21(1946)年、高知県生まれ。昭和45年、早稲田大学政治経済学部卒業後、日本経済新聞社に入社。ワシントン特派員、経済部次長・編集委員、米アジア財団（サンフランシスコ）上級フェロー、香港支局長、東京本社編集委員、日本経済研究センター欧米研究会座長（兼任）を経て、平成18（2006）年、産経新聞社に移籍、現在に至る。主な著書に『日経新聞の真実』（光文社新書）、『人民元・ドル・円』(岩波新書)、『現代日本経済史』（ワニ・プラス）、『米中通貨戦争』（育鵬社）がある。

石橋文登（いしばし・ふみと）

元産経新聞政治部長、千葉工業大学特別教授、ジャーナリスト。昭和41（1966）年、福岡県生まれ。平成2（1990）年、京都大学農学部卒業後、産経新聞社に入社。奈良支局、京都総局、大阪社会部を経て、平成14年、政治部に異動。拉致問題、郵政解散をはじめ小泉政権から麻生政権まで政局の最前線で取材。政治部次長を経て、編集局次長兼政治部長などを歴任。令和元(2019)年、同社を退社、現在に至る。著書に『安倍「一強」の秘密』『安倍晋三秘録』（ともに飛鳥新社）がある。